Jali Schneider · Tineke Heck

Syltknigge für Kids
Abenteuer Wattenmeer

Syltknigge GbR
Sylt Publikationen

Liebe Leser!

Sechs Stunden lang kann man an der Ostküste der Insel beobachten, wie sich das Wasser langsam zurückzieht und den Blick freigibt auf ... – ja, was eigentlich? Sandigen, braunen Boden und Schlammpfützen.

Nicht besonders spektakulär, doch so besonders, dass sich das Wattenmeer mit Naturwundern wie dem Grand Canyon und den Victoria Falls auf der Liste der UNESCO-Weltnaturerbe tummelt.

Es ist ein Ökosystem voller Spezialisten, die alle ihre Aufgabe erfüllen, um dieses exklusive System aufrecht zu erhalten. Doch es gibt Probleme, mit denen diese sensiblen Kreaturen zu kämpfen haben. Prozesse, die unsere Aufmerksamkeit erfordern.

Auf dem großen Markt der Sylt-Bücher gibt es nun endlich ein Buch, das zur Sensibilisierung beiträgt. Und dies auf eine besondere Art und Weise.

„Syltknigge für Kids – Abenteuer Wattenmeer", ein Buch, das Lust auf Natur macht.

Es informiert und unterhält. Die Geschichten laden ein zum mitdenken, mitrechnen und mithandeln! Sie sind spannend und witzig, mit Blick hinter die Kulissen. Und bestimmt wird Ihr nächster Blick auf den sandigen, braunen Boden mit den Schlammpfützen begleitet sein von einem leisen Lächeln und dem Wissen um die Kostbarkeiten, die sich dort befinden. Für die jungen Leser mit einem „Ey, hier buddelt doch ..." oder einem „den Deckel nehm' ich lieber mit nach Hause ..."

In diesem Sinne wünsche ich allen viel Spaß beim Lesen!"

Margit Ludwig, Diplom-Biologin und Geschäftsführerin der Naturschutzgemeinschaft Sylt e.V.

Inhalt

Seite 3 Vorwort

Seite 7  **Einführung**

Seite 13  Kapitel 1 **Die Goldene Schlickschaufel**

Seite 21  Kapitel 2 **Watt'n Rapper**

Seite 29  Kapitel 3 **Sturm im Seegras**

Seite 35  Kapitel 4 **Hektik auf dem Hörnumknob**

Seite 43  Kapitel 5 **Muscheln satt**

Seite 53  Kapitel 6 **Ausgeflippte Typen**

Seite 63  Kapitel 7 **Sören, der Superseestern**

Seite 71  Kapitel 8 **Gestrandet**

Seite 78  **Ausblick**

Seite 80 Lexikon
Seite 90 10 Tipps, wie du in deinem Alltag die Umwelt schützen kannst
Seite 92 Die Förderer
Seite 94 Die Autorinnen
Seite 96 Impressum

4

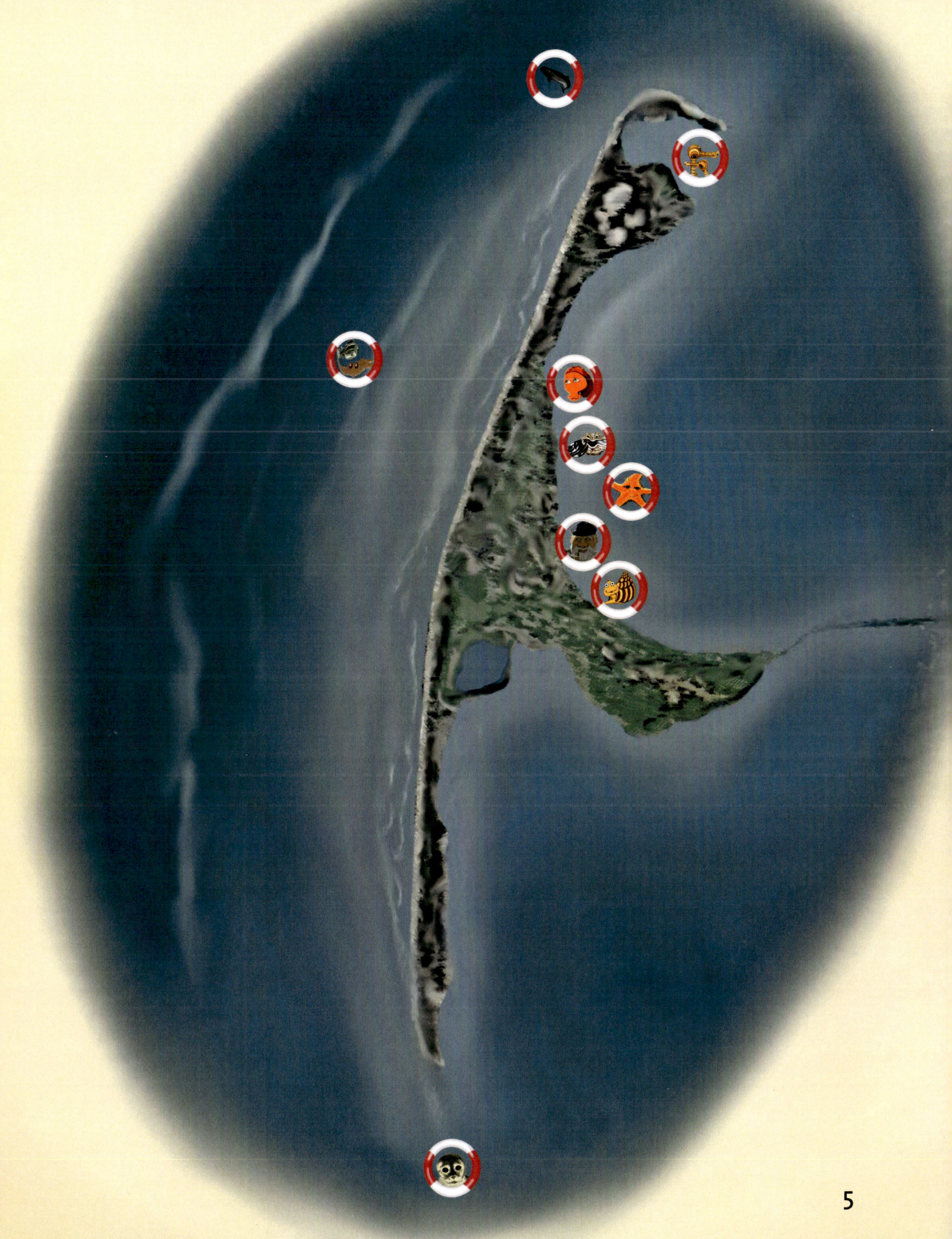

Einführung

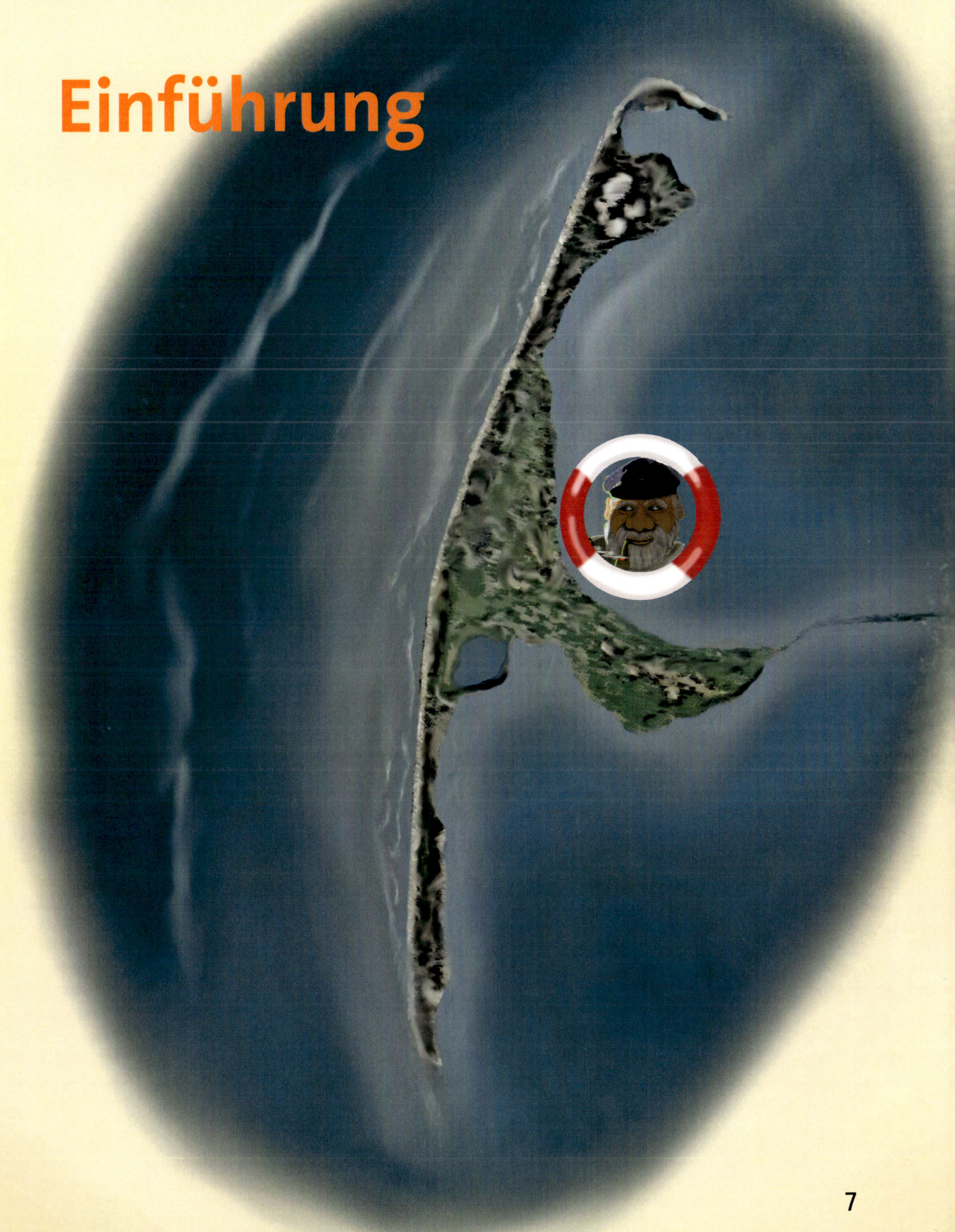

Stille umfing Oke. Es war, als hätte
die Nacht alle Geräusche verschluckt.
Nur das leise Plätschern der Wellen,
die sanft an Okes Boot schlugen, war
zu hören.

„Ist das herrlich!" dachte sich Oke.

Eigentlich sollte er heute mit seinen Freunden knobeln[1], doch Oke brauchte einen Moment der Ruhe. Die Ferienzeit hatte begonnen und seine sonst so ruhige Insel auf den Kopf gestellt. Diese Nacht war geradezu ideal zum Nachtangeln und so hatte Oke am Munkmarscher Hafen die Taue gelöst und war hinausgepaddelt.

Heute wurde er besonders belohnt: Im Schaum der Wellen blitzte das Meeresleuchten[2] auf und verzauberte die Bucht. Und so saß Oke in seiner kleinen Nussschale und genoss das Spektakel.

Doch in dieser Nacht sollte es dabei nicht bleiben: Vorher blank wie ein Spiegel kräuselte sich das Meer und Oke fühlte einen Ruck an seiner Angel. „Was war das denn?" wunderte er sich, „ich hab doch gar keinen Köder benutzt? Wie kann da etwas anbeißen?" Und während er sich wunderte, erhob sich aus dem Wasser eine säuselnde Stimme.

„Lieber Oke, wie ich sehe, hast du gerade einen Moment der Ruhe. So bitte ich dich, mir etwas deiner Zeit zu schenken. Denn was ich dir erzählen möchte, sind keine Märchen!"

Onkel Oke, an den diese Worte gerichtet waren, runzelte verwirrt die Stirn. Hatte er da wirklich gerade eine Stimme gehört, die aus dem Meer zu ihm sprach? „Langsam werde ich wohl alt ..." murmelte er in seinen Bart. Doch dann er-

innerte er sich daran, wie magisch ihm das Meeresleuchten schon immer vorgekommen war. Tatsächlich hatte er oft gemeint, das Meer sprechen zu hören. Und weil er ja nun wirklich Zeit hatte, zündete er sich seine Pfeife an und sagte mit der ihm eigenen Art: „Na, denn man tau!"

„Seit geraumer Zeit klagen die Meeresbürger über Prielgespenster[3], Wattgeister[4] und Schlickkobolde[5], die ihnen das Leben schwer machen.", fuhr die Stimme fort. *„Nicht, dass sie sich ihre Nöte einbilden, doch was ihnen zu Leibe rückt sind keine Fabelwesen.*

So will ich dir erzählen was ich gehört und beobachtet habe. Dir, weil ich weiß, dass Du ein Freund des Meeres bist. Und auch weil deine beiden kleinen Freunde Sünje und Theide Gutes dort tun. Beginnen will ich mit der Geschichte von Jorina von Wattwurm."

„Jorina von Wattwurm?" wiederholte Oke und schaute verwundert drein.

„Ja, ja ich weiß, es klingt ein bisschen verrückt, aber sie bereitet sich auf die

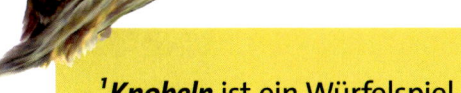

[1] *Knobeln* ist ein Würfelspiel.

[2] *Meeresleuchten* entsteht durch winzig kleine Tiere, die im Dunkeln leuchten.

[3] Ein *Priel* ist eine Wasserrinne im Watt.

[4] Das *Watt* ist Meeresboden, der bei Ebbe freifällt.

[5] *Schlick* ist Wattboden, in den man tief einsinken kann.

Auszeichnung mit der Goldenen Schlickschaufel vor. Für ihren unermüdlichen Einsatz im Kampener Watt. Und nun nennt sie sich vorsorglich schon mal „von Wattwurm".

„Oha!" entgegnete Onkel Oke. „Na, denn lass mal die Geschichte der hochwohlgeborenen Jorina von Wattwurm hören."

Kapitel 1

Die Goldene Schlick-schaufel

Die Goldene Schlickschaufel

Sie sah sich auf einem Podest aus Sand, der natürlich von ihr höchstpersönlich gesäubert worden war. Oh ja, sie sah einfach fantastisch aus, ihre Haut faltenlos und von einer wunderbar rötlichen Färbung. Ihr Körper lang und schlank und elastisch.

„Hach ja," seufzte sie, „das wird ein großartiger Moment werden. Und auch meine Gästeliste kann sich wahrlich sehen lassen. Das wird ganz gewiss eine außergewöhnliche Veranstaltung werden," nickte sich Jorina von Wattwurm zuversichtlich zu. „Und bald wird sie mich schmücken, die Goldene Schlickschaufel!"

Auf ihrer Gästeliste stand: Jorina von Wattwurm, Preisträgerin. Ja, tatsächlich war sie der einzige Gast!

Oke schüttelte seinen Kopf: „Na das ist ja wohl ein verrücktes Deern[1]. Sie verleiht sich also selbst einen Preis und Gäste hat sie auch keine?"

„Ja mein lieber Oke, Wattwürmer sind nun mal Einzelgänger. Und ich muss gestehen, es beeindruckt mich, wie sie ihre eigene Leistung würdigt."

Die Stimme fuhr fort:

In ihrem Traum war sie gerade an der Stelle angelangt an der sie sich selbst gratulierte, als sie gegen etwas stieß. Es war weich. Ganz zart fühlte es sich an, genauso zart wie ihre schlickverwöhnte Haut!

„Heiliger Wattwurm! Jetzt bin ich an meinem eigenen Ende angelangt!" rief sie. „Wie bin ich denn da hingeraten? Ich muss ja vor lauter Träumerei im Kreis gebuddelt haben." Jorina von Wattwurm rief sich also zu mehr Konzentration auf und wollte nun auch wieder geradeaus buddeln. Doch wie von unsichtbarer Hand gelenkt kam sie aus dem Kreis nicht heraus. Auch spürte sie einen unerklärlichen Widerstand

[1] **Deern** ist norddeutsch für Mädchen.

an ihrer rechten Seite, der sie förmlich dazu zwang, im Kreis zu buddeln.

¹ *Sabotage* = Behinderung

„Sabotage![1]" rief sie. „Da will mich wohl ein Schlickschreck auf dem Weg zur goldenen Schaufel aufhalten! Nun, als Leibspeise hungriger Vögel bin ich ja einiges gewohnt, aber das hier geht doch entschieden zu weit!"

„Nun, mein lieber Oke, du weißt sicherlich, was sie damit meint." unterbrach die Stimme ihre Erzählung. *„Ja, ja das ist schon ein spezieller Trick, mit dem sich Wattwürmer aus der Affäre ziehen, wenn sie ein Vogel packen will! Weil sie dann ja einfach ihre Schnürringe abtrennen können.*
Ja, unsere Jorina meint dazu, dass dies wohl die vornehmste Lösung sei, hungrigen Vögeln ein Schnippchen zu schlagen", erwiderte die Stimme.

Jorina von Wattwurm bemühte sich also weiterhin, den Eingang zurück zum offenen Watt zu finden. Doch es wollte ihr einfach nicht gelingen. Ihre Entrüstung über diesen Akt der Sabotage wuchs zusehends.

„So eine Niedertracht ist mir in meinem ganzen Leben noch nicht widerfahren. Ich werde Maßnahmen ergreifen." Und nachdem sie schon etliche

Runden gedreht hatte: „Ach du liebe Güte, jetzt bekomme ich auch noch einen Drehwurm ..." Und da tauchten deine kleinen Freunde auf.

„Autsch! Ich hab' mich an was gestoßen," rief Theide und griff sich an den Fuß. „Bestimmt an einem Wattwurmhaufen," zog Sünje ihn auf. „Ja genau daran! Guck doch!" und er deutete auf einen Haufen Sandsphagetti vor sich. „Tatsächlich" pflichtete Sünje ihm bei und bückte sich. „Hey, da ist ja eine Dose. Das war es wohl, woran du dich gestoßen hast. Die gehört hier ja überhaupt nicht hin. Komm, die buddeln wir aus."

„Gesagt, getan, und deine beiden Freunde gruben die offene Dose aus. Und leerten den Inhalt auf den Wattboden," fuhr die Stimme fort.

Und mit dem Inhalt landete Jorina auch dort. Mit einem leisen Flop kam sie auf dem Boden auf. Jetzt war sie nahe dran, endgültig die Fassung zu verlieren. „Wenn ich den Schlickschreck in meine Kiemenbüschel bekomme, wird er sein blaues Wunder erleben!" Und ihre Kiemenbüschel plusterten sich auf und es sah so aus, als wollten sie nach dem vermeintlichen Schlickschreck greifen. „Komm her, Du feiger Wicht, ich werd' dich was lehren! Mich, Jorina von Wattwurm, so hinterhältig zu behandeln!"

Und mit diesen Worten sortierte sie ihre Schnürringe und tauchte kurzerhand erneut in den Boden ein.

Um dann kleine Häufchen allerfeinsten, sauberen Sand auf der Wattoberfläche zu hinterlassen. Häufchen, die aussahen wie Spaghetti.

Doch kein Schlickschreck wollte sich zeigen. „Sieh mal einer an, der Herr Schlickschreck ist auch noch feige! Nun, das ist wohl wirklich nicht die feine friesische Art. Aber es soll mir Recht sein, dass ich jetzt nicht auch noch in einen Kampf verwickelt werde. Schließlich geht es ja um Wichtigeres!"

„Na da hat Jorina von Wattwurm wohl noch mal Glück gehabt und kann sich dann ja bald die Goldene Schlickschaufel höchst feierlich verleihen." sagte Oke mit einem Schmunzeln. „Zum Glück haben Sünje und Theide die Dose gefunden. Denn wir brauchen ja unsere Wattwürmer – auch wenn sie wie Jorina ein bisschen etepetete sind. Doch ohne sie würde es tüchtig stinken im Watt. Und den Anblick der Sandspaghetti, die die Wattwürmer auf dem Wattboden hinterlassen, möchte ich auch nicht missen!" fügte er hinzu.

„Um ein Haar nicht wieder abgetaucht wäre vor kurzem übrigens Fiete, die kleine Wattschnecke. Der ist nämlich neulich in der Nähe der Munkmarscher Brücke ganz gegen seinen Willen aufgetaucht, aber hör' selbst," erwiderte die Stimme, nahm einen tiefen Atemzug und begann, die Geschichte von Fiete zu erzählen.

Kapitel 2
Watt'n Rapper

Watt'n Rapper

„Wie ihr Menschen sagen würdet, lag dem kleinen Fiete gerade mal wieder „der Himmel zu Füßen[1]". Für ihn übrigens ganz und gar nicht ungewöhnlich, wie man meinen könnte. Und während er den prächtigen Ausblick auf den Himmel genoss, übte er seinen Lieblings-Rap, den er am liebsten kopfüber surfend zum Besten gab:"

„Ich bin Fiete und sag's Euch gleich
Die Welle ist mein Himmelreich
Liegen meine Nerven blank,
Die Welle ist mein Zaubertrank
Rock 'n' Roll brauch' ich im Leben,
Die Welle bringt's, sie kann's mir geben.
Ihr denkt ich bin ein kleiner Wicht?
Die Welle interessiert das nicht!
Der blaue Himmel strahlt mich an,
häng' ich mich an die Welle dran
Ich bin Fiete und sag's Euch gleich,
die Welle ist mein Himmelreich."

„So, so, dichtende Wattschnecken", amüsierte sich Oke. „Was es nicht alles gibt im Watt. Ohaueha!"

„Tja, Fiete und seinesgleichen sind schon eine Bande für sich, aber ich mag ihre Kunststücke wirklich gerne." gab die Stimme zu. „Ich bin irgendwie sogar stolz auf sie. Nun aber zurück zu dem, was dann geschah."

Etwas traf Fiete an seinem Schneckenhaus und er überschlug sich. Der Himmel verschwand, tauchte aber gleich darauf wieder auf. Doch damit nicht genug. Das Wasser unter seinem Fuß war auch verschwunden. Und das tauchte eben nicht wieder auf.

Fiete war platt. „Himmel weg, Himmel wieder da. Und wo ist das Wasser, wo meine Welle? Wo der Sand? Und – wo mein Futter?" Diese Fragen purzelten durch seinen Kopf. „Apropos Kopf", dachte er sich im gleichen Augenblick, „den ziehe ich wohl besser erstmal ein."

Und schwupps verschwand sein Köpfchen im Schneckenhaus. Kaum hatte er sich in sein Häuschen zurück gezogen, kullerte er ordentlich hin und her.

„Na, das war ja wohl gerade rechtzeitig. Wenn ich doch bloß sehen könnte was da los ist! Hoffentlich hält mein Häuschen diese Schläge aus.", dachte er. Denn es rummste wirklich kräftig.

Nachdem er ein paar mal hin und her gerollt war, blieb er plötzlich ruhig liegen. Während Fiete versuchte, zu verstehen, was da vor sich ging, bemerkte er, dass er nun geschaukelt wurde.

[1]Wattschnecken kleben mit ihrem *Fuß* von unten an der Wasseroberfläche.

„Jetzt fühl' ich mich aber echt auf den Arm genommen", entrüstete er sich. „Was soll das denn werden! Surfen in Zeitlupe? Dahinter stecken bestimmt die fiesen Nixen! Die sind sicherlich neidisch auf meinen Reim.
Boah! Echt, Leute, hört auf damit, ich glaub', mir wird schlecht!" rief Fiete, der langsam, aber sicher, echt sauer wurde.

Unterdessen näherten sich Sünje und Theide, angelockt von einem roten Farbklecks, der Stelle, an der Fiete sich befand.

„Schau mal!" rief Theide seiner Freundin zu, „da vorne an der Prielkante schaukelt der Deckel einer Flasche. Den sollten wir mitnehmen!"

Die beiden liefen an die Stelle, wo der Deckel angespült wurde. „Oh! Da ist ja eine kleine Wattschnecke drin", bemerkte Sünje und ließ Fiete in ihre Hand kullern, um ihn dann wieder in den Priel zu legen.

„Ups, jetzt fahren die Nixen wohl auch noch Achterbahn mit mir" dachte sich Fiete als er sich überschlug, „na, das ist zwar besser als die Schaukelei. Aber Leute, ich sag' es Euch jetzt zum letzten Mal: Ich will zurück in meinen Priel, sonst werdet ihr mich von einer anderen Seite kennenlernen!"

Und ehe er den Satz zu Ende gebracht hatte, landete er genau dort. „Na das hat wohl gewirkt," dachte er sich und schob seinen Körper langsam aus dem Häuschen.

Er schüttelte sich kurz, stemmte seinen Fuß in den Boden, hob sein Köpfchen und sagte: „Hey ihr Nixen, jetzt habt ihr es wohl doch mit der Angst zu tun bekommen. Das war ja dann wohl nix! Passt auf! Das hier ist für Euch:

Neulich war es den Nixen zu öde,
sie schaukelten mich,
ich fand das echt blöde.
Mein Verderben war wohl ihr Ziel,
der Himmel verschwand,
und mit ihm der Priel!
Das Himmelreich stand mir zur Seite,
ich musste sie warnen
für die Nixen 'ne Pleite!
Sind die Nixen auch noch so gemein,
klar ist es wohl
die Welle bleibt mein!

Begeistert von seinem neuesten Reim, begann er auch gleich wieder den Boden nach kleinen Algen abzugrasen. Und mit vollgestopften Schneckenbacken hielt er natürlich Ausschau nach seiner nächsten Welle.

„Na, zum Glück haben die Lütten ihn befreit.
Jetzt kann er weiter surfen, dichten und fressen."
meinte Oke.

*„Ja und nicht zu vergessen den Sand kleben. Ich
schätze ohne ihre Arbeit hätte das Meer sich schon
eine ganze Menge Sand einfach weggeholt."*
ergänzte die Stimme.

*„Und wo wir beim Thema „wegholen" sind,
im Lister Königshafen sind die Seenadeln letztens
geradezu beraubt worden,"* fuhr sie fort.

„Und zwar um ihre Kinderstube!"

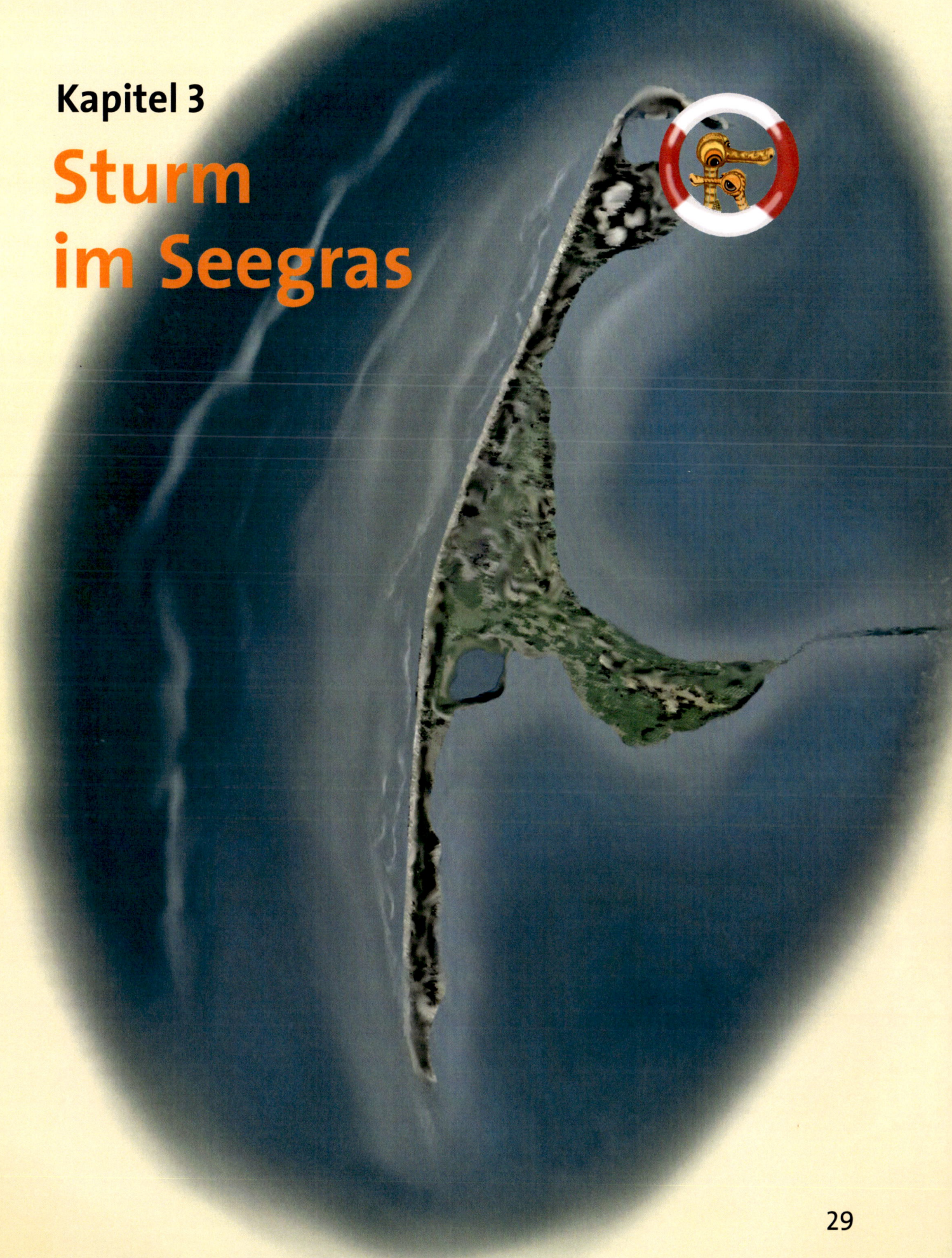

Kapitel 3
Sturm
im Seegras

Sturm
im Seegras

Mit einem Auge betrachtete er seinen Bauch, an dem tausende kleiner Eier hafteten[1]: „Na ihr kleinen Racker, genießt ihr die Aussicht?" fragte Melf, der stolze Papa. Mit seinem anderen Auge[2] schaute er Swantje, seine Frau an.

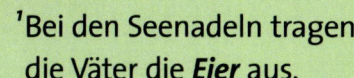

[1]Bei den Seenadeln tragen die Väter die *Eier* aus.

[2]Seenadeln können ihre *Augen* voneinander unabhängig benutzen.

„Sieh mal, ist das nicht das schönste Nadelkissen weit und breit!" Sie verdrehte belustigt ihre Augen. „Lieber Melf, du bist und bleibst auf jeden Fall der albernste Kerl weit und breit."

„Ach Swantje, wir werden Eltern. Ich bin so aufgeregt." „Ja das merke ich wohl." antwortete sie und knabberte sogleich wieder an einem knusprigen Ruderfußkrebs, der sich im Seegras verfangen hatte. „Na schmeckt es Dir?" fragte Melf seine Frau. „Einfach köstlich!" schwärmte sie und ihre Augen spielten regelrecht verrückt.

Da bemerkten sie über sich eine aufgeregte Horde von Garnelen. Es waren wohl zigtausende und sie bewegten sich alle in eine Richtung. „Die sehen aus, als seien sie auf der Flucht!" dachte Melf sich.

Dem Schwarm folgte ein dumpfes Grollen. Das Seegras begann sich wie wild zu bewegen. Das Wasser begann zu tosen und plötzlich schien es, als würde der Meeresboden sich öffnen wollen.

Dann fanden sich die beiden inmitten eines Sandsturms wieder. Ihre Atemkiemen bekamen kaum Luft in dem aufgewühlten Wasser, das ihnen jede Sicht nahm.

So plötzlich wie es gekommen war, entfernte sich das Grollen auch wieder und der aufgewirbelte Sand sank langsam auf den Boden zurück.

Melfs erster Gedanke galt Swantje. Er rief nach seiner geliebten Frau, und vernahm ein leises Ächzen und Stöhnen

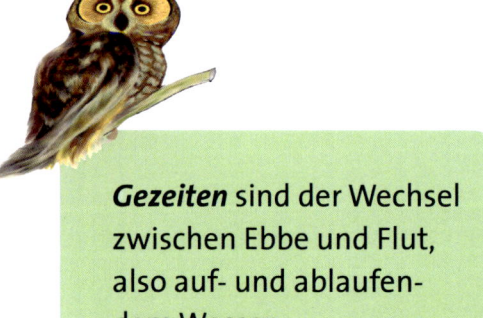

Gezeiten sind der Wechsel zwischen Ebbe und Flut, also auf- und ablaufendem Wasser

vom Grund des Bodens. Da lag sie, eingeklemmt zwischen ein paar Muschelschalen.

„Swantje? Der Meeresgöttin sei Dank, dass du noch da bist!" „Melf, bist du das? Was war das?" mit einem heftigen Schütteln ihres Schwanzes befreite sich Swantje von den Muscheln.

Die beiden schauten sich um. Und sahen Chaos. Die Seegraswiese war verschwunden, an ihrer Stelle erstreckte sich ein Trümmerfeld. Ein paar Seegras-Halme trieben noch traurig durch das Wasser und auf dem Meeresgrund lag das Unterste zuoberst.

„Schätze, die Wattkobolde haben gerade einen gehörigen Polterabend veranstaltet!" kommentierte Melf trocken. „Melf!" rief Swantje empört. Nachdem sie den ersten Schock überwunden hatte, wurde sie richtig wütend: „Wie kannst du dich da nur drüber lustig machen?" „Och mein

Seenudelchen. Nun guck doch nicht so grimmig.", versuchte Melf sie zu beruhigen, doch Swantje kochte vor Wut. „Ich werde die Wattkobolde höchstpersönlich heimsuchen!" Melf stellten sich die Rückenschuppen auf. So hatte er seine Frau noch nie erlebt! „Swantje, mein Liebling" sagte er behutsam. „Ich versteh' dich ja, aber das hilft uns jetzt leider gar nicht. Lass uns lieber überlegen, wie es weiter geht. Denk an die Kinder! Wenn sie da sind, können wir die Kobolde gerne zusammen heimsuchen, aber jetzt haben die Lütten den Vorrang!" Swantje staunte. Ihr Melf konnte ja richtig einfühlsam sein! Aber natürlich hatte er Recht, sie mussten weiter.

Und tatsächlich: drei Gezeitenwechsel später hatten die beiden eine neue Seegraswiese gefunden – und das vor Sylt!

„Bin ich froh, dass wir ein neues zu Hause gefunden haben!" sagte Swantje zwischen zwei Bissen. Sie war schon wieder beim Essen. Und während sie zufrieden knusperte und ihm zuzwinkerte, geschah es.

Die ersten Seenadelchen schlüpften und bahnten sich aufgeregt ihren Weg in das offene Meer. Bei diesem Anblick entfuhr Melf, nun ebenfalls zufrieden, ein Seufzer. „Noch einen Moment ihr kleinen Racker!", rief er ihnen hinterher: „Solltet ihr rein zufällig die Wattkobolde treffen, so richtet ihnen doch bitte alle einen schönen Pieks von uns aus!"

„Humor hat der Kerl ja," schmunzelte Oke. Aber hinter der ganzen Sache steckten doch keine Wattkobolde, sondern die Schleppnetze der großen Krabbenkutter."

„Ja lieber Oke, das weiß ich wohl", erwiderte die Stimme. „Ich habe beobachten können, dass ein Teil dessen, was da in den Netzen gefangen wird, am Ende auf Brötchen landet. Dies scheint bei Euch eine begehrte Mahlzeit zu sein."

„Sünde, dass die beiden deswegen von ihrem zu Hause vertrieben wurden!" bedauerte Oke.

Die Stimme stimmte ihm zu: *„Und sie sind leider nicht die einzigen. Ein anderes Beispiel für Vertreibung ist Momme:"*

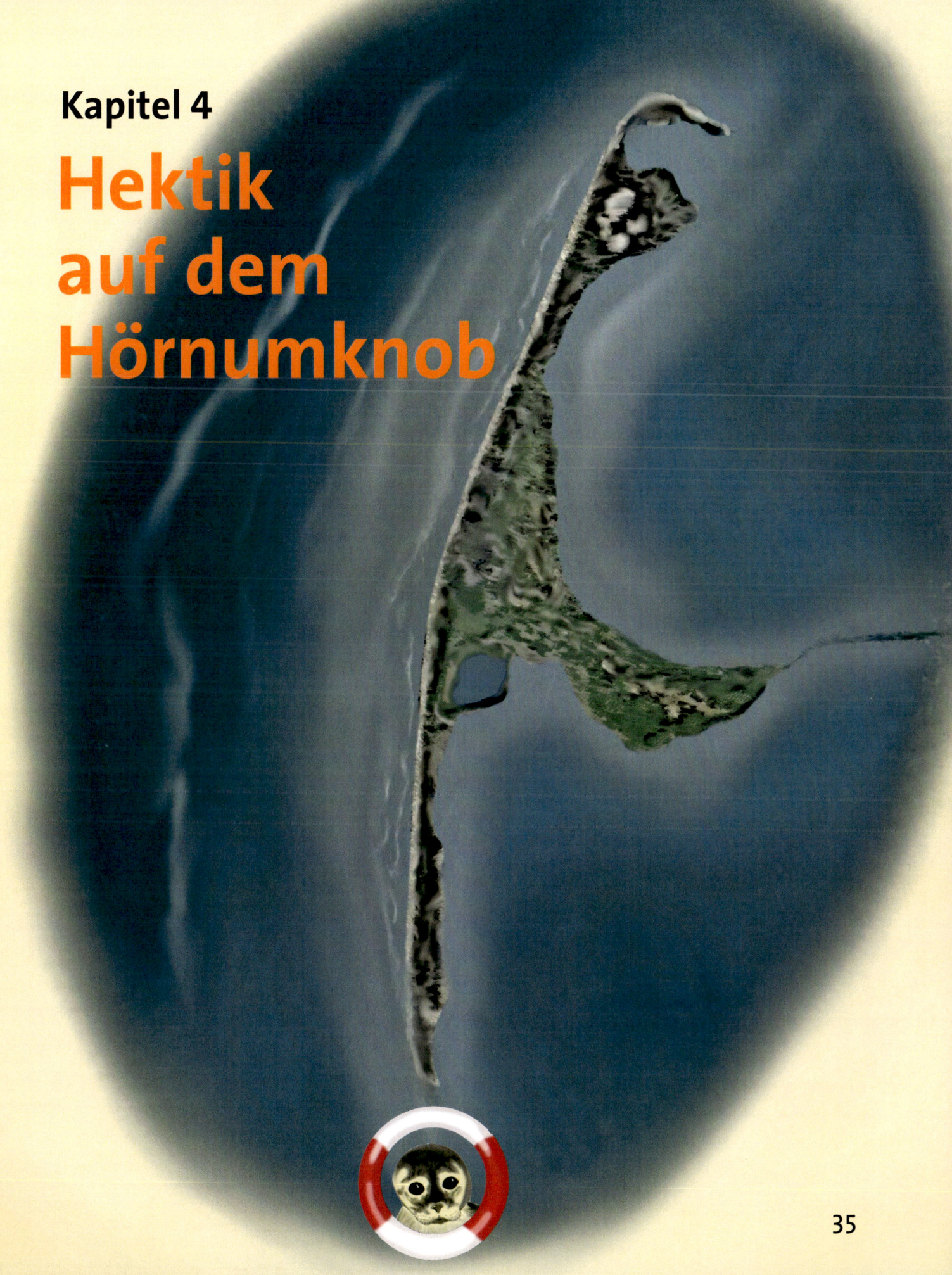

Kapitel 4

Hektik auf dem Hörnumknob

Hektik auf dem Hörnumknob

Alle Köpfe schossen in die Höhe, als das Geräusch ertönte. Die Zeichen standen auf Alarm und die Gruppe setzte sich sofort in Bewegung.

„Schnell Momme, wir müssen sofort hier weg!" forderte seine Mutter ihn auf. „Los, los!"

Momme, der friedlich vor sich hin gedöst hatte, blinzelte mit seinen großen Kulleraugen. Seinen Bauch hatte er genüsslich der Sonne entgegengestreckt und eine leichte Brise war zusätzlich darüber gestrichen. Das brauchte er auch, damit sein Bauchnabel gut verheilen konnte.

Vor einer Woche hatte er das Licht der Welt erblickt, oder besser, das Wasser der Nordsee, und so war sein Bauchnabel natürlich noch nicht ganz verheilt. „Nö, Mama, ohne mich, ich bleib hier! Außerdem waren wir doch gerade erst im Wasser und mein Bauch ist auch noch nicht ganz trocken." erwiderte er trotzig.

Seine Mutter wurde ungeduldig. „Jetzt ist keine Zeit zum Diskutieren. Wir müssen los und uns in Sicherheit bringen. Ich find's auch nicht schön, aber ich verspreche dir, sobald alles wieder ruhig auf dem Meer ist, kommen wir hierher zurück." Maulend drehte sich Momme auf seinen Bauch und folgte seiner Mutter ins Wasser. „Mama, mein Bauch tut weh," rief er seiner Mutter zu, während er sich mühselig über den Sand zog. Sie drehte sich zu ihm um: „Ja mein Kind, ich hab' schon gesehen, dass er nicht so gut heilt, wie er sollte. Das kommt vom häufigen Rutschen über den Sand. Ich hoffe wir finden heute noch etwas Ruhe, so dass dein Bauch sich erholen kann. Und natür-

lich bekommst Du dann auch gleich eine ordentliche Portion allerfeinster Milch. Abgemacht?" Diese Aussicht heiterte ihn dann doch etwas auf, er hob seine rechte Flosse und mit wichtiger Miene antwortete er: „Mama, wir sind im Geschäft!"

Und die beiden tauchten ab in das Wasser. „Na Momme alles in Ordnung?" rief seine Mutter ihm zu. „Mama, Du brauchst mich wirklich nicht wie ein Baby behandeln, schließlich kann ich ja schon seit meiner Geburt schwimmen." Mommes Mutter nickte ihm stolz zu: „Da hast Du natürlich Recht, Bleib bitte trotzdem in meiner Nähe, falls Du müde wirst." „Geht klar! Und jetzt zeig' mal, was Du so drauf hast", forderte er sie heraus.

Zehn Minuten später lag er erschöpft auf dem Rücken seiner Mutter und hielt sich mit seinen Flossen an ihrem Fell fest. Mommes Mutter schoss mit ihm durch das Wasser. „Mama, mir reicht es. Lass mal sehen, ob die Luft wieder rein ist, ich hab echt einen mordsmäßigen Hunger!"

„Das machen wir Momme," antwortete sie und kurze Zeit später waren sie wieder auf der Sandbank. Auch die anderen Seehunde trudelten nach und nach wieder ein.

Nachdem Momme tüchtig getrunken hatte (Mamas Milch war sooo lecker!), fragte er etwas, das ihn schon die ganz Zeit beschäftigte: „So, Mama, jetzt erklär' mir doch mal, warum wir immer vor den Geräuschen fliehen? Die sind doch nur laut, die tun uns ja nichts!"

„Ach Momme," antwortet seine Mutter, „wir sind uns ja gar nicht sicher, was es mit diesen Geräuschen auf sich hat." Momme schaute seine Mutter fragend an. „Es gab Zeiten, da bewegten sich Gefährte über das Meer, die nicht so brummten und kreischten. Und sie waren auch viel langsamer unterwegs. Sogar langsamer als wir! Aber seit einiger Zeit ist das anders, wie Du ja mitbekommst!"

„Aber warum machen diese Gefährte denn jetzt so einen Lärm und warum sind sie so schnell?" fragte Momme

seine Mutter. Mommes Mutter blickte vorsichtig nach links und rechts. „Nun, mein Schatz," flüsterte sie, „wir glauben die Meermänner haben sie mit einem Fluch belegt und seitdem spielen sie natürlich verrückt. Das kann man ja auch daran sehen, dass diese Dinge so sinnlos auf dem Meer hin und her schießen."

„Aber warum müssen wir denn unsere Sandbank verlassen, wenn Sie aufkreuzen?" hakte Momme nach. „Nun, Momme, ich habe dir ja erklärt, dass wir glauben, sie sind verflucht. Und wer sagt uns, dass dieser Fluch sie nicht bald auch über unsere Sandbank jagt? Sie kommen ja schon immer näher heran!" „Ach so ..." so langsam glaubte Momme zu verstehen, warum sie immer fliehen mussten: „Und weil wir im Wasser tief abtauchen können,

sind wir da sicher, auch wenn sie auf uns zukommen, stimmt's?" „Ganz genau." stimmte seine Mutter ihm zu. „Aber Mama, können wir denn nicht die Meermänner davon überzeugen, den Fluch zurückzunehmen?" fragte Momme. „Wir wissen einfach nicht, wo sie sich herumtreiben, mein Mommelchen! Es gibt so viele Meere auf der Welt, die sind so groß, da müsste man ja sein Leben lang suchen!"

Und genau in diesem Moment beschloss Momme, sich auf die Suche nach ihnen zu begeben. Natürlich erst, wenn sein Bauchnabel endlich verheilt sein würde.

„Und tatsächlich hat Momme sich neulich auf den Weg gemacht – soviel ich weiß, hat er gestern eine Sattelrobbenkolonie im Nordatlantik getroffen und nach den Wassergeistern gefragt", erzählte die Stimme.

„Mutiger Momme!" rief Oke, „Sich auf so eine weite Reise zu machen!" „Das finde ich in der Tat auch. Wie sagt ihr Menschen noch? Reisen bildet.

Womit wir bei einem anderen weit gereisten wären. Auch wenn er sich das nicht ausgesucht hat. Ich will auf keinen Fall versäumen, Dir die Geschichte von dem zu erzählen, der manchmal das ‚a' wie ein ‚o' ausspricht, ausgesprochen höflich und immer gut gelaunt ist."

Oke runzelte fragend die Stirn.

„Ja ja, in meinem Reich tummeln sich allerlei ungewöhnliche Wesen. Doch das hier ist schon etwas besonderes. Seit einiger Zeit haben die hiesigen Meeresbürger nämlich Besuch aus anderen Meeren. Und so haben also Ose und ihr Volk die Bekantschaft mit Patrick McMuschel und seinen Artgenossen gemacht."

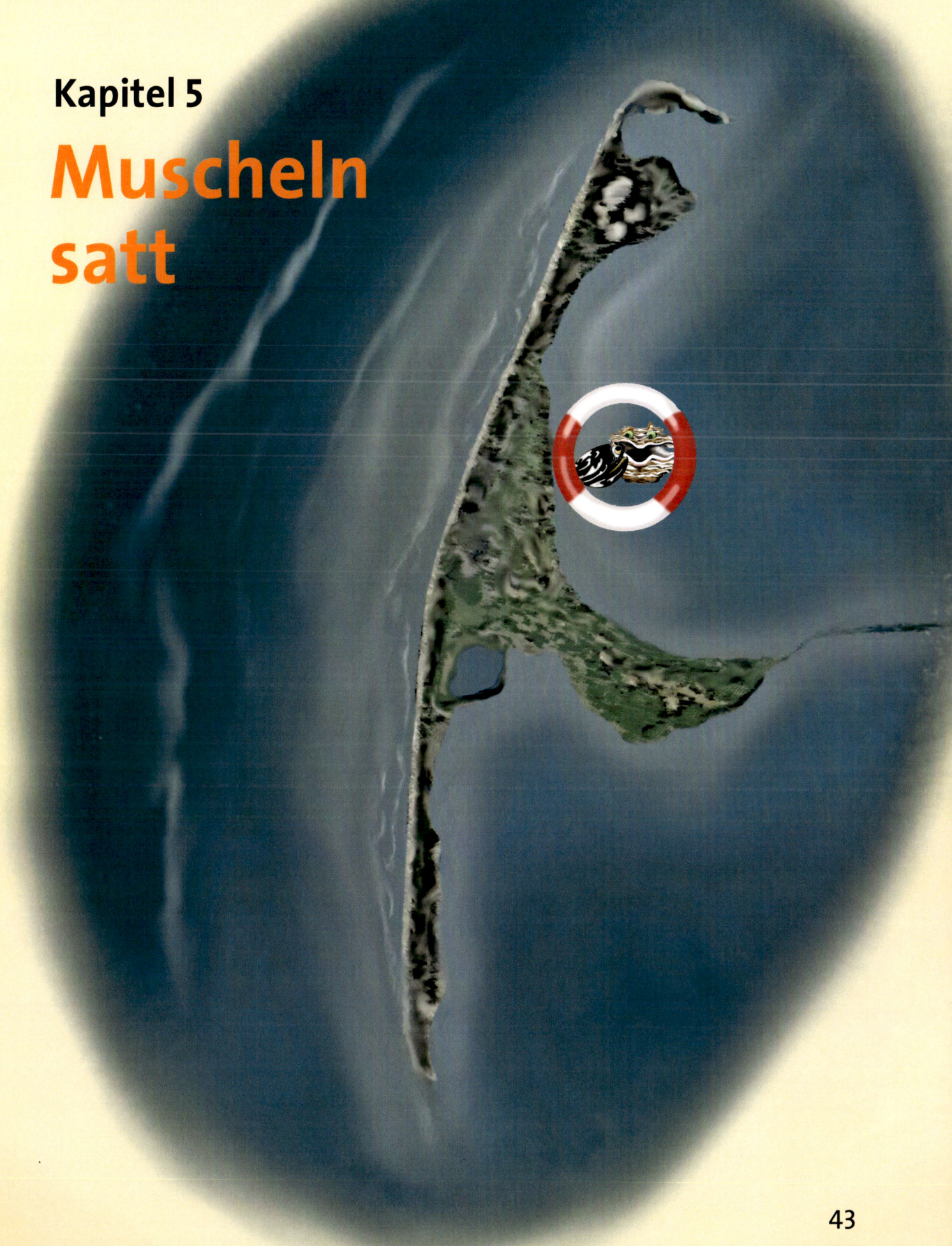

Kapitel 5

Muscheln satt

Muscheln satt

„Ich habe Rücken[1]!" Mit diesen Worten wandte sich Ose, die Obermiesmuschel an ihre beste Freundin Helgard." Na da bist Du nicht die Einzige", erwiderte diese. „Ich habe auch Beschwerden im Rücken. Und seit ich diese Rückenschmerzen habe, wachse ich auch gar nicht mehr ordentlich."
„Hat denn außer uns noch jemand derartige Probleme?" wandte sich Ose an ihr Muschelriff[2].

„Ich!" – „Ja, ich auch!"
„Na, ich sag das doch schon seit Wochen!"

„Hier wohnt ein Rochen?" fragte eine schwerhörige Muschel vom Ende der Bank. „Nein, nicht Rochen, Wochen", gab eine der Muscheln zurück und auf dem Muschelriff blubberten plötzlich alle wild drauf los.

„Hmm ..." Ose überlegte, „hat denn einer von euch eine Ahnung, was da los ist?"

„Was immer es ist, es ist mir egal!" maulte eine Muschel. „Du bist ja wieder echt mies drauf heute!", kommentierte eine Muschel.

„Ach lass ihn doch in Ruhe. Weißt du denn nicht, seine Kindheit ...", flüsterte eine andere Muschel besänftigend. „Als er klein war, wurde sein Muschel-

riff zerstört und dann ist er bei uns gestrandet." „Ups, na ja dann ... tut mir leid." entschuldigte sich die Muschel betreten. „Das ist mir auch egal", erwiderte die maulende Muschel, schien aber doch besänftigt.

„Könnt ihr euch bitte in der Frühstückspause weiter unterhalten?", rief Ose über das Riff. „Frühstückspause?" die Muscheln schauten Ose fragend an. „Naja, wenn die nächste Flut wieder ein bisschen Plankton[3] bringt." erklärte sie. „Bitte kehren wir zum Thema zurück. Also? Hat nun irgendwer eine Idee?"

„Nun, ich vermute ja, die Wassergeister haben sich zu ihrer Jahreshauptver-

[1] Umgangssprachlich für „ich habe Rückenschmerzen"

[2] Miesmuscheln heften sich aneinander und bilden so riesige Kolonien, die Muschelbank oder Muschelriff genannt werden.

[3] *Plankton* bedeutet „schwebendes" und bezeichnet kleine Tiere und Algen, die im Wasser treiben.

45

sammlung verabredet. Und machen es sich dabei auf uns so richtig gemütlich." meldete sich die wohl schlaueste Muschel auf dem Riff zu Wort.

„Oh, das leuchtet mir ein, das scheint mir eine gute Erklärung," erwiderte Ose. „Merkwürdig finde ich allerdings, dass Sie schon so lange tagen," ergänzte sie mit einem leisen Ächzen.

„Ja, eine Frechheit finde ich das," erhob eine weitere Miesmuschel ihr Stimmchen." Sie hätten uns ja wenigstens

fragen können." „Also, ich finde das auch echt mies," empörte sich eine weitere.

„Wen findet sie süß?" fragte daraufhin die schwerhörige Muschel. Und es brach erneut ein allgemeines Geplapper und Geblubber aus.

Lieber Oke, ich kann dir sagen, wo so viele auf einem Haufen leben, da gibt's was auf die Ohren.

Ose erhob ihre Stimme: „Liebe Familie, ich bitte um Ruhe! Ich kann nämlich unmöglich fünf Millionen und dreihundertsechzig Miesmuscheln auf einmal verstehen." Die Muschelbande beruhigte sich zögerlich. „Wenn ich das recht verstehe haben also noch mehr von euch Rückenprobleme? Und ihr alle wachst nicht mehr so doll?"

Kaum hatte sie die Frage beendet, brach das Geplapper und Geblubber erneut aus. Ose entnahm dem ganzen Wirrwar dann aber doch die Bestätigung ihrer Vermutung.

¹*Riverdance* ist ein typisch irischer Tanz.

„Verstehe, das muss ja eine riesige Versammlung sein," murmelte sie vor sich hin. „Ich werde mit den Wassergeistern sprechen ,"verkündete sie. Zur moralischen Unterstützung begann ihr Muschelvolk rhythmisch mit den Schalen zu klappern.

Und Patrick McMuschel wurde wach …

„Donke, donke, donke! Vielen Donk für dieses tolle Konzert. I love Riverdance¹!" Die Miesmuscheln, die dies hörten, schauten sich verwirrt um. Das Klappern verebbte langsam. „Entschuldigung" sagte Ose in die Richtung, aus der diese merkwürdigen Worte gekommen waren, „Was haben Sie da bitte gerade gesagt? Donkedonkedonke?" „Ja, ich habe mich bedonkt, für dieses wunderbore Konzert!" „Bedonkt?" Die

übrigen Miesmuscheln kicherten. „Ja, bedonkt. Sagt man das nicht so, werte Miss Muschel?" wandte sich Patrick an Ose. „Gestotten Sie mir, mich vorzustellen: Man nennt mich Patrick McMuschel." „Und sie sind der Vorsitzende dieser Versammlung, nehme ich an." fiel Ose ihm ins Wort. „Von welcher Versommlung sprechen sie, Miss Muschel?" fragte Patrick verwundert. „Na, von der Hauptversommlung – äh – Versammlung der Wassergeister! Und hören Sie bitte auf, mich Missmuschel zu nennen, ich bin eine Miesmuschel. Genauer gesagt bin ich sogar die Obermiesmuschel hier, Ose, die Obermiesmuschel. „Bitte entschuldigen Sie,

werte Mies Ose, nur bin ich kein Wossergeist, und ich kenne auch keine." „Aber, wenn Sie kein Wassergeist sind, was sind Sie dann? Und was tun Sie hier?" „Ich bin a good Irish Oyster[1], werte Mies. Und, bitte gestatten Sie mir die Frage, wo liegt denn eigentlich Ihr Problem?" „Oyster ... Oyster ..." überlegte Ose. „Woran erinnert mich dieses merkwürdige Wort nur?" fragte sie sich. „Könnte es nicht „Auster" heißen?" fragte ihre Freundin Helgart. „Aber Austern sind doch seit fast 80 Jahren ausgestorben!" „Well, my Ladys, vielleicht kann ich Ihnen behilflich sein. Ich glaube, ich sollte Ihnen meine Geschichte erzählen." Und aus einer der hinteren Reihen hörte man ein vorwitziges „No donn mon tou!".

„Ich war eine kleine Irish Oyster, in der schönen Irischen See, als mir der Boden

unter den Schalen weggerissen wurde. Als ich wieder zu mir kam, waren wir in Körben und die Insel, die wir erblickten, war nicht Irland. Sondern Sylt. Seitdem habe ich nicht einmal mehr einen Folksong gehört. Daher hat mich euer Konzert eben umso mehr gerührt. Das erste Mal seit Johren fühlte ich mich hier wie zu Hause. Aber zurück zu meiner Geschichte.

Bei einem heftigen Sturm, bei dem das Meer bebte und toste, zerriss der Korb, in dem ich mich befand. Schließlich landete ich auf etwas, an dem ich mich endlich festholten und größer werden konnte. Und genau wie mir erging es einigen meiner Irischen Freunde."

„Ach, dann sind das gar keine Wassergeister, sondern Austern!" rief eine Miesmuschel. „Nein, Wossergeister sind das wohl wirklich nicht." witzelte eine andere. „Ruhe bitte." mischte sich Ose ein. „Lieber Patrick, habe ich das richtig verstanden, dass sich Austern auf unserem Miesmuschelriff ansiedeln?" „Liebe Mies Ose, ich glaube, ich muss zugeben, dass wir der Grund Ihres Problems sind. I'm so sorry.[2] " „Aber können Sie denn nicht einfach weggehen?" „Das ist leider nicht möglich, denn unsere Schalen verwachsen mit dem Untergrund. In diesem Fall, mit ihrem Rücken. Dagegen können wir leider nichts tun." „Ach herrje ..." stöhnte Ose. „Und nun?" Darauf wusste keiner eine Antwort. „Warum schleppt man denn überhaupt Babymuscheln in ein anderes Meer[3]? Das macht doch überhaupt keinen Sinn!" rief die Obermiesmuschel leicht verzweifelt. „Well[4], wir Irish Oystern, sind groß und stark, vielleicht ist das der Grund. Soviel ich weiß, kann kein anderes Tier uns etwas onhaben." „Kein Tier? Nicht mal Seesterne?" fragte Ose, neugierig geworden. „Seesterne? Oh no!" So stork? Äh stark, sind diese Austern" schwärmte eine der Muscheln, „Hach das ist ja aufregend! Und dieser Patrick sieht doch auch wirklich fesch[5]

[1]*Irish Oyster,* ist englisch für „irische Auster".

[2]*I'm so sorry* ist englisch für „Entschuldigung".

[3]Das wird im Lexikon auf Seite 80 bei „Auster" erklärt".

[4]*well* ist englisch, bedeutet hier „also" oder „tja".

[5]*fesch* bedeutet flott, gut aussehend.

aus!, ergänzte sie. „Wer sieht frech aus?", fragte die schwerhörige Muschel vom Rand der Bank. „Nicht frech, fesch" erwiderte eine andere Muschel und etliche Muscheln wiederholten: „Nicht frech, fesch!" Die Muschelbank geriet bei diesem Wortspiel ausser Rand und Band.

Ose atmete innerlich auf, denn ihr war klar geworden, das sie sich mit den Austern wohl zusammenraufen muss-ten. Und so erhob sie ihre Stimme.

„So liebe Miesmuscheln, wie es scheint, kommt ihr mit unseren Gästen schon ganz gut aus. Da sie ja offensichtlich nicht weg können, machen wir das Beste draus. Schließlich beschützen sie

uns vor den Seesternen." „Dann haben wir ja jetzt sozusagen Leibwächter!" rief eine der Muscheln. „Ja, so könnte man das nennen, wir sind eure body-guards[1]", warf Patrick mit stolzgeschwellter Brust ein. „Na dann brauche ich jetzt ja gar nicht mehr größer werden, das ist mir echt recht" warf die maulende Muschel ein. Und als dann auf der Muschelbank ein befreites, geradezu tosendes Schalengeklapper ausbrach, fühlte sich Patrick Mc Muschel endgültig zu Hause.

[1] *bodyguard* ist englisch für „Beschützer".

„Na das hat Ose ja diplomatisch in den Griff bekommen", kommentierte Oke die soeben gehörte Geschichte.

„Ja sie hat wirklich den Bogen raus und eben auch genug Erfahrung", ergänzte die Stimme.

„Auf jeden Fall scheint Patrick Mc Muschel eine Menge neuer Freunde gefunden zu haben. Selbst die maulende Muschel zählt dazu."

„Da hast Du Recht, lieber Oke. In der nächsten Geschichte rettet Freundschaft sogar ein Leben. Pass auf, folgendes hat sich zugetragen."

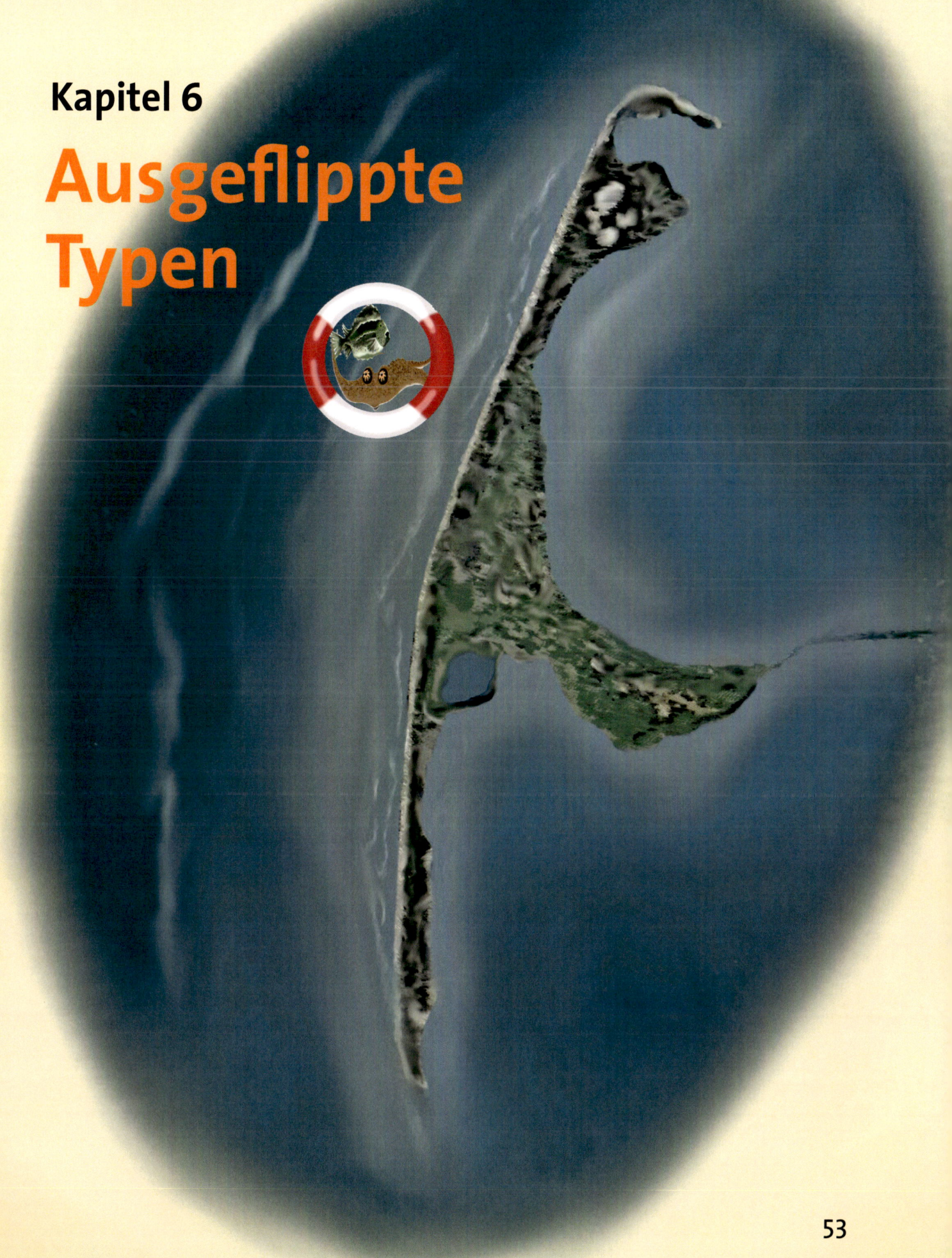

Kapitel 6

Ausgeflippte Typen

Ausgeflippte Typen

„Ahh, das tut gut! Ja, noch ein bisschen ... oh ja!" Mit diesen Worten breitete Ragna ihre Flügel aus. Erst den linken, dann den rechten.

Und schließlich rollte sie noch ihren Schwanz auf und streckte sich ganz lang. Und länger. Und schließlich schwamm sie mit eleganten Bewegungen los, als hätte sie nie etwas anderes gemacht.

Dabei war sie eben erst aus ihrem Ei gekrochen!

Sie warf noch einen Blick auf die Ei-kapsel, in der sie die letzten 5 Monate verbracht hatte: „In das lütte[1] Ding hab' ich reingepasst? Ohauehaueha[2] ... Na, denn wohne ich jetzt aber schöner!" Und gleich nachdem sie das gesagt hatte, machte sie sich wirklich davon. Sie genoss es bis in die Flügelspitzen, sich so schnell und frei bewegen zu können. Über sich sah sie einen Schwarm Heringe, die sich glitzernd und blitz-schnell wie ein einziger Körper beweg-ten. Ein paar Algen trieben durchs Was-ser und rechts von sich sah Ragna die rote Blüte einer Seeanemone. „Moin! Was bist Du denn?" rief sie der Ane-mone zu. „Ich bin ein Blumentier", antwortete diese. „Ja tatsächlich, Du

siehst auch wirklich wie eine Blume aus, sehr hübsch!" Die Anemone errötete noch mehr und zog ihre Tentakel[3] ein.

„Na denn tschüss", kommentierte Ragna, „ich muss auch echt weiter!"

Bunte Muschelschalen lagen überall, schön geformte Steine glänzten und Schnecken mit witzigen Gehäusen krochen über den Meeresboden. „Das ist ja super dekoriert hier!" dachte sie während sie an einem Büschel Meersalat vorbei schwamm.

Und dann spürte sie etwas, das vom Meeresboden kam. „Nanu? Was ist das denn?" wunderte sie sich. „Komisch. Also sehen kann ich nichts. Aber es fühlt sich an, wie ein Zucken. Was kann das nur sein?" Und plötzlich hatte sie Hunger. Und wie!

Bevor sie darüber nachdachte, was sie tat, stürzte sie sich auf die Stelle von der das Zucken gekommen war und machte einen riesigen Happs. Ihr ganzer Mund war plötzlich voll mit dem

[1]*lütte* ist norddeutsch für klein.

[2]*Ohauehaueha* ist die norddeutsche Version von „oha".

[3]*Tentakel* sind Fangarme, mit denen manche Tiere ihre Nahrung fischen.

[4]Rochen spüren Tiere, die sich am Boden verstecken, ohne sie zu sehen, mittels eines bestimmten Sinnesorgans, der „Lorenzinischen Ampulle".

zartesten Fleisch[4]. „Na das ja ist wohl lecker!" dachte sie sich. „Was ich da gespürt habe war also mein Mittagessen. Prima Sache!" murmelte sie zufrieden mampfend vor sich hin.

„Na, wenn das Essen hier immer so gut ist, freue ich mich schon auf meine nächste Mahlzeit!" dachte sie bei sich. Und ihr Blick blieb an etwas hängen,

das aussah wie ein Stein. Es hatte aber Augen und auch ein paar Flossen. Und es schien sich geradezu am Boden festzuhalten.

Im Gegensatz zu dem ganzen Glitzern und Leuchten, das sie bisher im Meer gesehen hatte, glitzerte es kein bisschen.

„Hallo, hallo! Ähm … bist Du ein Fisch oder ein Stein?" fragte sie vorsichtig. Eine leichte Bewegung ging durch das Gebilde vor ihr und es räusperte sich: „Ich bin Corl, ein Seehase, und Seehasen sind Fische. Und ein Stein würde dir wohl kaum antworten. Also scheint

mir deine Frage ein wenig unsinnig. Auch trage ich keine Schuppen, und ich hänge gerne am Boden. Meinen Namen trage ich, weil wir zur Osterzeit laichen und im Meer leben. Ich schätze damit wären auch all deine weiteren Fragen beantwortet", antwortete Corl, der Seehase, etwas gelangweilt.

„Mein Lieber! Hier gibt es ja echt ausgeflippte Typen! Das macht Laune. Also hier bleib ich! Ach ja entschuldige bitte, mein Name ist Ragna und ich bin ein Sternrochen" ergänzte sie und zwinkerte Corl zu. Der wiederum war völlig verdattert. Er war es gewohnt skeptisch beäugt zu werden, aber noch nie hatte ihn jemand als „ausgeflippten Typen" bezeichnet und das schien ja durchaus etwas Sympathisches zu sein. Als Zeichen seiner Freude löste er sich kurz vom Boden und ließ sich wieder absinken.

„Also Ragna, es ist mir ein Vergnügen dich zu treffen und solltest Du weitere Fragen haben, nur zu, ich kenne mich hier ganz gut aus." „Das ist super Corl, vielen Dank für dein Angebot. Und wo wir gerade dabei sind, kannst Du mir sagen was da hinten vor sich geht? Das scheint mir ja eine riesige Veranstaltung zu sein. Schätze da schau ich doch gleich mal vorbei."

Mit diesen Worten machte sich Ragna auch gleich auf den Weg.

Corl blickte in die Richtung in die Ragna davon schwamm und erschrak. „Das Seeungeheuer … Ragna, Ragna! Komm zurück, das ist gefährlich! Das Seeungeheuer, es ist auf Beutefang!"

Ragna hörte Corl rufen, konnte ihn aber nicht richtig verstehen. Unterdessen schwamm die riesige Versammlung sogar auf sie zu. „Na die machen aber keinen entspannten Eindruck," dachte Ragna. „Dieser Lärm, die wirken ja regelrecht gehetzt." Hinter sich hörte sie Corl, der ihr gefolgt war: „Ragna, weg da! Das ist gefährlich! Schnell, hier her!" Ragna drehte sich um und schwamm auf Corl zu. „Schneller Ragna, schneller!" „Bin ja schon dabei!" keuchte Ragna. Und tatsächlich landete sie rechtzeitig hinter einem großen Stein, der sie schützend verbarg. Sie lugte über den Stein und sah eine große Menge Fisch, die scheinbar in etwas eingeschlossen war. „Ach herrje! Die sehen aber nicht sehr glücklich aus. Wo wollen die den

alle zusammen hin?" fragte sie Corl. „Ach Ragna, von wollen kann da wohl keine Rede sein. Das passiert hier regelmäßig, offensichtlich hat ein Seeungeheuer dieses Gebiet zu seinem Fanggrund erklärt," erwiderte Corl, „und wirft riesige Netze aus." „Dann hast Du mir ja jetzt wohl echt das

Leben gerettet! Corl, Du hast was gut bei mir!" Corl brummte: „Ok Ragna Sternrochen. Ich schlage vor, Du passt zukünftig etwas besser auf dich und deine ausgeflippten Augen auf."

„Zum Glück hat Corl sie gerettet!" rief Oke „Auch wenn das natürlich kein Seeungeheuer, sondern das Netz eines großen Fischkutters war."

„Das hast du ganz richtig erkannt. Und Rettung spielt gerade eine wirklich wichtige Rolle im Wattenmeer. Das macht auch die nächste Geschichte deutlich", fuhr die Stimme fort.

Kapitel 7
Sören, der Superseestern

Sören, der Superseestern

„Bin ich nicht ein Bild von einem See-stern!", dachte Sören, als er sich streck-te und reckte. „Und alle fünf Arme sind wieder da. Einer kräftiger als der andere! Tja, da hat sich diese gierige Möwe wohl verrechnet. Von wegen einen ganzen Seestern verputzen zu wollen. Noch dazu mich, Sören! Pah, einen Arm hat sie bekommen, und der ist ja nun auch schon wieder nach-gewachsen." Sören war mit sich hoch-zufrieden.

Er lachte sich richtig ins Fäustchen, wenn er daran dachte, wie er seine Jäger austricksen konnte. Seiner Beute gelang das nie. Er, Sören, ließ sich nicht austricksen. Und als Ringkämpfer war er sowieso ungeschlagen. Mit seiner Kraft, Technik und Ausdauer konnte es keine Muschel auf Dauer aufnehmen. Und er hatte Appetit! „Oh ja, jetzt eine leckere, frische, salzige Muschel! Ich, Sören der Seestern, werde jetzt meinen fünfhundertdreiundzwanzigsten Kampf in Folge gewinnen. Publikum ist natürlich herzlich willkommen."

Und mit seinen kräftigen Armen stemmte er seine Körpermitte nach oben. „Mich packt gerade so richtig das Jagdfieber!"

Doch statt der erwarteten Jagd passierte etwas völlig anderes: Sören spürte eine leichte Berührung. Zunächst war das nichts ungewöhnliches, schließlich war er daran gewohnt, dass auch mal ein paar Algen durchs Wasser trieben. Doch irgendwie war es diesmal anders. Es irritierte ihn. Die Berührung hielt an, und etwas wickelte sich um ihn.

Es ließ ihn nicht los und Sören merkte, wie ihm langsam die Luft ausging.

„Ich muss einem Meerweib in die Fänge gegangen sein! Klar, für sie wäre ein so toller Hecht wie ich es bin ein Riesenfang. Aber ich will wirklich nicht meine ganze Jugend einem Meerweib schenken. Vielleicht will sie mich ja am Ende noch küssen. Ihh."

Sören wurde immer schwummeriger zumute. Doch das wollte er sich natürlich nicht anmerken lassen. Und so sagte er ganz cool: „Meine Dame, so geht das ja nicht! Ich werde mich doch nicht so einfach fangen lassen. Ich sehe schon, ich muss Ihnen zeigen, wie stark ich wirklich bin. Genug gespielt. Sie hatten ihr Vergnügen, aber jetzt reicht's."

Ein Gefühl von Taubheit stellte sich in seinen Füßchen ein. Er begann die Kontrolle über seinen Körper zu verlieren![1] „Höchste Zeit zu handeln!" dachte er und spannte seine Arme an, um die Fesseln, oder was es auch war, zu sprengen.

[1] Seesterne haben eine Stelle am Körper, über die Wasser in den Körper dringt. Das brauchen sie für ihre Atmung, und um sich zu bewegen!

Glücklicherweise tauchten dort im gleichen Moment deine kleinen Freunde, Sünje und Theide, auf. Sie beugten sich über den Priel und entdeckten Sören, den Seestern.

„Sieh mal! Der braucht aber dringend Hilfe. Hoffentlich kommen wir nicht zu spät!" sagte Theide. Sie hoben Sören

vorsichtig hoch, und entfernten die Plastikfolie, die sich um ihn geschlungen hatte. „Plastikfolien sind echt tückische Fallen für Meerestiere- und werden manchmal sogar mit Futter verwechselt." erzählte Sünje. „Ih, stell dir mal vor – Bonbonpapier statt Bonsche[1] zum Nachtisch. Na lecker!" Behutsam legten sie Sören mit dem Bauch nach oben[2] wieder in den Priel. Dann beobachteten sie den Seestern.

Zurück im Wasser kam dieser wieder zu sich. Tatsächlich war ihm gar nicht bewusst gewesen, dass er in Ohnmacht gefallen war.

Über sich nahm er zwei Schatten wahr, nämlich die deiner kleinen Freunde. Noch etwas benommen, doch voller Stolz, dachte er: „Sören, du alter Haudegen[3]. Hast doch tatsächlich gleich zwei Meerweiber bezwungen!

Du bist nicht nur ein Seestern. Du bist ein Super-Seestern!

¹ *Bonsche* ist norddeutsch für „Bonbon".

² Seesterne müssen immer mit dem Rücken voran ins Wasser gelegt werden, sonst läuft die Magenöffnung voll.

³ *Haudegen* bedeutet „Kämpfer".

„Na das ist ja wohl ein unerschrockener Bursche, dieser Sören. Gefällt mir!" sagte Oke.

Die Stimme seufzte: *„Ach Oke!"*, sagte sie traurig. *„Wacker sind sie ja alle. Aber es ist trotzdem schlimm, was für ein Durcheinander es im Meer gibt. Die Meeresbürger verlieren im wahrsten Sinne des Wortes die Orientierung. Das wirst Du verstehen, wenn Du die nächste Geschichte gehört hast"*, fügte sie hinzu, als sie Okes fragenden Gesichtsausdruck sah.

Kapitel 8
Gestrandet

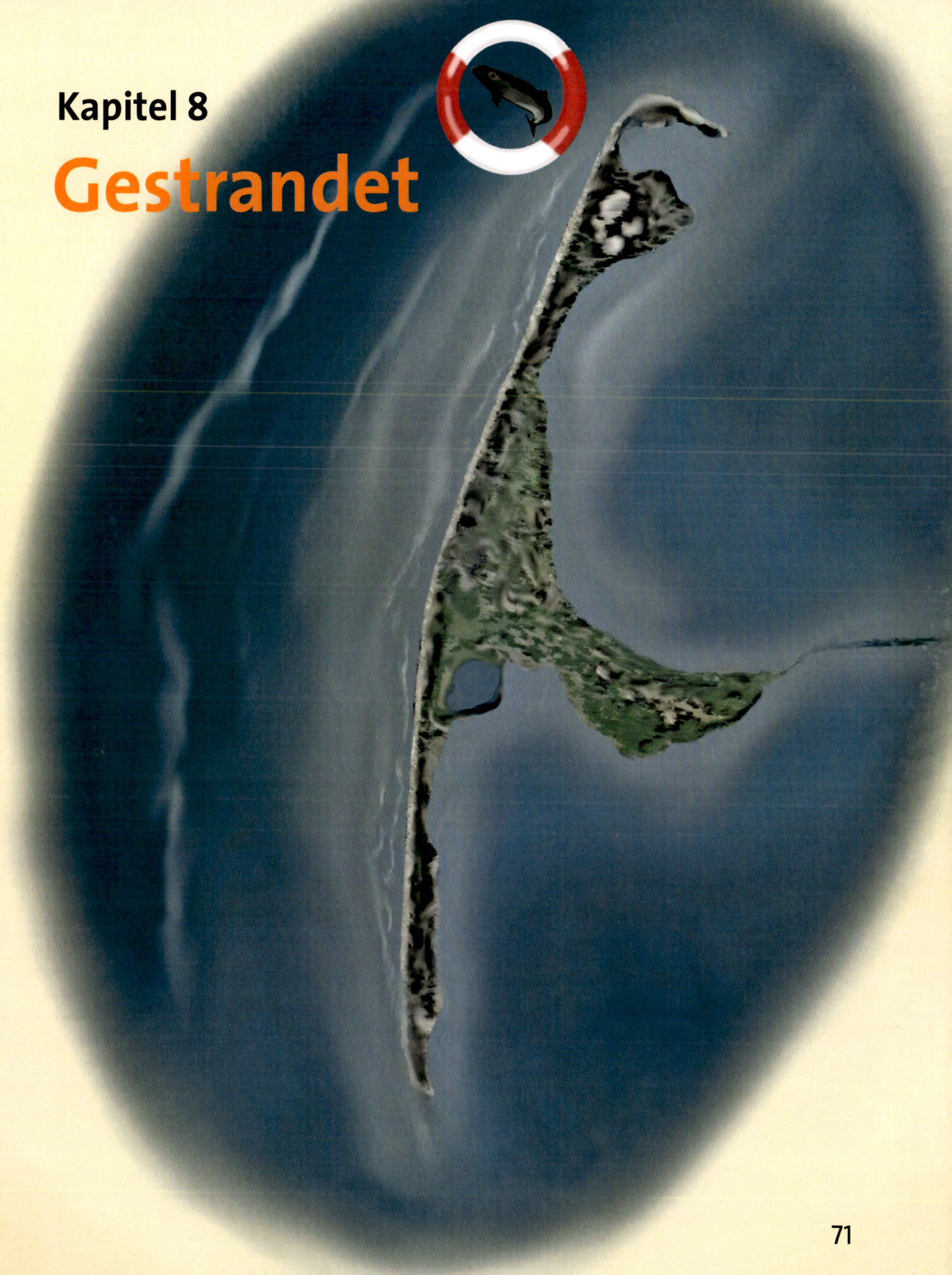

Gestrandet

Deine kleinen Freunde Sünje und Theide waren gerade am Strand dabei, Muscheln zu suchen. „Guck mal, Theide!", rief Sünje, „ich habe einen P-Fuß gefunden!" „Einen was?", fragte Theide verwirrt. „Einen P-Fuß. Das ist die Abkürzung für Pelikanfuß-Schnecke. Die sind echt selten auf Sylt."

'Stelle ganz im Norden von Sylt – siehe Syltkarte.

„Oh, wie cool. Zeig mal!", bat Theide seine Freundin. „Das Ende des Schneckenhauses sieht ja wirklich aus, wie der Fuß von einem Pelikan.", stellte er fest. „Ja, und es gibt sogar eine Sage zu der Schnecke. Weil sie so selten hier vorkommt, heißt es, sie ist ein Geschenk des Meeres an den Finder. Die erste Schnecke, die man findet, muss man selber behalten. Die zweite aufbewahren, um sie der großen Liebe zu schenken. Und die dritte muss man dem Meer zurück geben." erklärte Sünje.

„Und was passiert, wenn man den dritten P-Fuß doch selber behält?" fragte Theide, neugierig geworden. „Dann ist das Meer zornig auf dich, also mach das man besser nicht."

und während sie das sagte, warf sie die kleine Schnecke ins Meer zurück. „Hey, warum hast du sie zurück geworfen? Das war doch deine erste!" rief Theide. „Nee, das war meine dritte Schnecke. Ich hab schon zwei gefunden, als ich mit Onkel Oke am Ellenbogen[1] war." „Und wem hast du die zweite gegeben?" fragte Theide ein bisschen eifersüchtig. Er hatte sie ja schließlich nicht bekommen! „Noch niemandem ...", antwortete Sünje mit einem frechen Grinsen.

„Hey, guck mal da! Was ist das denn?" lenkte Sünje vom Thema ab und zeigte aufs Meer. Theide schaute in die Richtung, in die seine Freundin gezeigt hatte. „Ein Schweinswal! Und er kommt immer näher!"

„Klick-klick, klick", machte Moiken, als sie ihre Umgebung erkundete. Sie stutzte. „Was ist das denn? Ein riesiges Ding, da oben, an der Wasseroberfläche! Das muss ich mir genauer ansehen!" dachte Moiken und schwamm darauf zu.

Je näher sie kam, desto mehr Geräusche hörte sie. Ein leises Brummen hier, ein komisches Glucksen dort. Ein Summen, dass ihr durch den ganzen Körper ging. Ein Schauer lief ihr über den Rücken. Was war das bloß? „Na das werde ich jetzt genauer untersuchen!" Ein bisschen unheimlich war es ja schon, zumal sie auch nur eine große dunkle Masse sah. Aber dann siegte ihre Neugier und sie schwamm näher ran. „Komisch", wunderte sie sich, „ein Wal kann das nicht sein – die machen nicht so komische Geräusche. Irgendwie klingt das ein bisschen wie der Lärm, der von der Insel kommt. Aber … eine Insel kann das ja auch nicht sein! Inseln schweben schließlich nicht!"

Moiken klickerte was das Zeug hielt, in der Hoffnung, herauszubekommen, womit sie es da zu tun hatte. Nachdem sie das Ding zum dritten Mal umrundet hatte, beschloss sie kurzerhand: „Das muss dann ja wohl eine schwimmende Insel sein. Hoffentlich zieht sie bald weiter, sonst komm' ich hier ja gar nicht mehr zur Ruhe. Hm, ich könnte jetzt auch gut was futtern. Ich werd' jetzt mal auf Makrelenjagd gehen. Das dürfte spannender sein."

Da setzte ein ohrenbetäubender Lärm ein. Der Krach durchfuhr Moiken wie ein Donnerschlag. Alles fing an zu vibrieren. Das Wasser, ihr Körper, einfach alles. Das Wasser wirbelte herum. Und die Wirbel zogen an ihr. „Hilfe! Das Meer spielt verrückt! Ich muss hier raus! Ich brauch Luft! Ab nach oben! Aber – wo ist oben? Und wo unten? „Klick-klick, klick!" machte sie, doch das Getöse war so groß, dass sie ihr eigenes Sonar nicht hörte. „Ich muss hier weg!" dachte sie verzweifelt und schwamm mit aller Kraft gegen den Sog, der an ihr zerrte. Moiken kämpfte – und gewann.

Etwas erschöpft aber erleichtert überlegte sie, was da eben passiert war: „Ich muss im Kessel der großen Meerhexe gewesen sein! Da stand wohl Schweinswal auf ihrem Speiseplan. Apropos Speiseplan, ich hab jetzt auch ordentlich Kohldampf!"

Doch als Moiken sich auf die Suche nach Makrelen machen wollte, bemerkte sie, dass sie immer noch nichts hörte! Dabei war das Getose doch weg! Panik ergriff sie. Orientierungslos schwamm sie durchs Meer, konnte kaum sehen und nichts hören, als sie sich plötzlich auch nicht mehr bewegen konnte. Sand kratzte an ihrem Bauch und ihr Rücken ragte aus dem Wasser. Moiken merkte, wie ihr Rücken heiß wurde. „Das gibt's doch nicht. Erst bin ich bei der großen Meerhexe auf dem Speiseplan, dann verliere ich mein Gehör und jetzt soll ich auch noch austrocknen?" Doch noch während Moiken mit ihrem Schicksal haderte, spürte sie, wie etwas an ihr zog und zerrte. Stück für Stück rutschte sie über den Sand, der ganz schön an ihrem Bauch kratzte. Doch dann war sie plötzlich wieder im Wasser. „Neptun sei Dank!", dachte sie, als sie davonschwamm. Und während sie so viel Strecke wie möglich zwischen sich und den Strand brachte, merkte sie, wie sie langsam wieder besser hörte. Und zwar einen Makrelenschwarm!

Ausblick

„Na, den hat sie sich nach all der Aufregung auch verdient!" meinte Oke, dem beim Zuhören schon manchmal der Atem gestockt hatte.

„Ja, lieber Oke, und ich kann dir versichern, sie hat es sich auch wirklich schmecken lassen!" stimmte die Stimme ihm zu.

„Na, nach allem was ich nun gehört habe, scheint es in unserer Nordsee ja von Helden und Heldinnen nur so zu wimmeln." gab Oke stolz zurück.

„Lieber Oke, das mag so aussehen, aber die Wattbewohner selbst sind nicht wirklich erpicht auf derlei Heldentaten. Ich denke Du verstehst was ich damit sagen will."

Onkel Oke nickte: „Ja ich verstehe!"

Und da hörte er ein leises Klappern, wie von Muschelschalen. Eine leichte Brise schien einen Reim zu ihm zu tragen. Am Meeresboden blitzte etwas auf. Die goldene Schlickschaufel? Kleine, fast durchsichtige Seenadeln schienen etwas zu suchen und ein Glitzern auf der Wasseroberfläche ließ ihn an Ragnas wundervolle Sternaugen denken.

Ein paar große runde Kulleraugen lugten neben dem Boot aus dem Wasser. Ein junger Seehund drehte sich um seine eigene Achse und für einen Moment glaubte Oke auf seinem Rücken einen mutigen Seestern gesehen zu haben. Schließlich erinnerte ihn das regelmäßige Ticken seiner Uhr an die Klicklaute der Schweinswale und daran, dass es nun wirklich an der Zeit war, nach Hause zu gehen.

„Na, diese Nacht ist wohl gleich um", murmelte Oke beim Blick in den Himmel. „Mal sehen, was Sünje und Theide heute noch so vorhaben. Vielleicht, ach was, ganz bestimmt haben die beiden ein paar brauchbare Ideen, mit denen wir unseren Wattbewohnern unter die Arme greifen können."
Und neben ihm ertönte ein zufriedenes Seufzen ...

Lexikon

A

Auster

Die Auster ist eine große Muschel, mit einer äußerst starken Schale. Weil die europäische Auster im 20. Jahrhundert von den Menschen ausgerottet wurde (sie schmeckte so lecker, dass sie zu viel gefangen wurde), begann man, pazifische Austern in der Nordsee zu züchten. Leider blieben die Austern nicht in den Zuchtkörben, sondern schlüpften als kleine Larven ins offene Meer. Jetzt verbreiten sie sich in der ganzen Nordsee, wo sie keine Fressfeinde haben, weil ihre Schale noch viel dicker ist, als die der europäischen Auster. Damit es immer genug Austern für uns Menschen gibt, werden zum Beispiel aus Irland so genannte Saatmuscheln geholt – ganz kleine Austern, die auf die Muschelbänke gesetzt werden, und hier dann weiterwachsen.

B

Baakdeel-Rantum/Sylt (Naturschutzgebiet)

In der geschützten Dünenlandschaft tummelt sich so einiges. Aber Achtung! Du darfst die Dünen nicht betreten, denn sonst geht dieser empfindliche Lebensraum kaputt!

Braderup

ist ein Ort an der Ostseite der Insel. Von hier aus kannst du toll in die → **Braderuper Heide** gehen. Zusammen mit Wenningstedt bildet es eine eigene Gemeinde.

Braderuper Heide (Naturschutzgebiet)

Die Braderuper Heide ist seit 1987 Naturschutzgebiet und erstreckt sich von Braderup nach Kampen an der Ostseite der Insel. In der Heide sind ganz seltene Tier- und Pflanzenarten zu entdecken.

E

Ebbe

Ebbe bezeichnet den Zeitraum, in dem das Wasser langsam zurückgeht. Das

dauert in der Nordsee ungefähr 6 Std. Im Wattenmeer wird dabei nicht nur etwas mehr Sand sichtbar, sondern es fällt ein großer Teil des Meeresbodens frei. Wenn die Ebbe ihren niedrigsten Stand erreicht hat, spricht man vom
➔ **Niedrigwasser.**

F

Flut

Die Flut ist das Gegenteil von Ebbe. Flut bezeichnet den Zeitraum, in dem das Wasser ansteigt. Das dauert in der Nordsee ungefähr 6 Std. Hierbei werden alle Stellen, die bei Ebbe freifallen wieder überflutet. Wenn die Flut ihren höchsten Stand erreicht hat, spricht man vom ➔ **Hochwasser.**

G

Garnele

Garnelen gehören zu den Krebstieren. Um sie zu fangen, benutzen die meisten Fischer Grundschleppnetze, die den ganzen Boden aufwühlen und unter anderem Seegraswiesen zerstören. Außerdem werden nicht nur Krabben, sondern auch viele andere am Boden lebende Fische gefangen, wie zum Beispiel Babyschollen. Fast eine Milliarde Babyschollen sterben in Europa jedes Jahr bei der Garnelenfischerei! Garnelen werden beim Kochen rot und werden im Verkauf „Krabben" genannt. Wenn du nicht möchtest, dass zu viel Meeresboden zerstört wird, nur damit du Krabbenbrötchen essen kannst, dann kaufe die Krabben nicht bei den großen Firmen, die mit Riesen-Schleppnetzen fischen, sondern von Fischern, die mit kleinen Krabbenkuttern losfahren. Am Hafen in List kannst du zum Beispiel so einen Fischer finden.

Gezeiten

Als Gezeiten werden Ebbe und Flut zusammen bezeichnet. In Norddeutschland sagt man auch Tide dazu. Der Gezeitenwechsel, also der Wechsel von Ebbe zu Flut passiert in der Nordsee ungefähr alle sechs Stunden. In Westerland auf der Friedrichstraße gibt es eine Säule, die die Gezeiten anzeigt. Dann weißt du immer, ob wir gerade Ebbe oder Flut haben!

Lexikon

H

Hochwasser

Wenn die Flut ihren höchsten Stand erreicht hat, spricht man von Hochwasser.

Hörnum

Hörnum ist der südlichste Ort der Insel und war lange Zeit einer der ärmsten Orte Deutschlands. Von Hafen aus kannst du tolle Schiffsfahrten auf die Halligen oder zu den Seehundsbänken machen.

Hörnumknob

Der Hörnumknob ist eine kleine Sandbank, die zusammen mit dem Jungnamensand und dem Theeknob zwischen Hörnum und Amrum liegt. Hier ruhen sich die Seehunde und Kegelrobben aus.

Hörnum Odde (Naturschutzgebiet)

Die seit 1972 geschützte Dünenlandschaft ist aufgrund von Sturmfluten einem sehr starken Wandel unterlegen. Bedeutung im Naturschutz hat vor allem das Muscheltal, das Brutplatz für Austernfischer, Sandregenpfeifer, Seeschwalben, Wiesenpieper und Feldlerche ist.

K

Keitum

Keitum ist ein altes Kapitänsdorf, in der Mitte von Sylt gelegen. Viele Jahrhunderte lang war es der Hauptort Sylts. Noch heute zeigt es im Heimatmuseum und dem Altfriesischen Haus viele der Traditionen und Lebensweise der Sylter von früher. Geh da doch mal hin, wenn kein Strandwetter ist!

Kampen

Kampen ist einer der teuersten Orte Deutschlands. Er liegt zwischen Wenningstedt-Braderup und List. Gleich drei Naturschutzgebiete schmiegen sich an seine Grenze: die ➜ **Braderuper Heide** im Südosten, ➜ **Nielönn** im Norden und die ➜ **Kampener Hochheide/NSG Rotes Kliff** im Westen

Kampener Hochheide

Im Juni sind hier Massen der seltenen Berg-Arnika zu finden. Aber auch sonst verstecken sich hier wunderschöne, seltene Arten! Sie gehört zum Naturschutzgebiet ➜ **Rotes Kliff.**

L

List

List ist der nördlichste Ort Deutschlands. Vom Lister Hafen aus kann man zum Beispiel nach Dänemark fahren.

Lorenzinische Ampulle

Die Lorenzinische Ampulle ist ein ganz spezielles Organ, das zum Beispiel Haie und Rochen haben. Sie können damit ganz leichte Schwingungen, die von

lebenden Tieren ausgehen, spüren, und somit auf Beutefang gehen, ohne dass sie das Tier sehen müssen.

M

Meeresleuchten

Es gibt ganz kleine Tierchen im Meer, die fluoreszendieren, also im Dunklen leuchten können. Wenn ganz viele davon auf einem Fleck sind, sieht es aus, als würde das Meer leuchten.

Meeressäuger

Als Meeressäuger bezeichnet man Säugetiere, die im Wasser leben. In der Nordsee sind das in der Regel ➜ **Schweinswal,** Kegelrobbe und ➜ **Seehund.**

Miesmuscheln

Miesmuscheln sind längliche schwarze Muscheln, die sich – genau wie die ➜ **Austern** – nicht in den Meeresboden eingraben, sondern aneinander heften. Sie machen das mit so genannten Byssusfäden, die sie – ähnlich wie Spinnen – selber produzieren. Miesmuscheln sind für die Nordsee das,

Lexikon

was für dich deine Leber ist: ein Organ, dass die Giftstoffe aus dem Meer filtert. Die Muscheln, die man kaufen kann, werden regelmäßig stichprobenartig überprüft, damit das für uns Menschen nicht giftig wird. Trotzdem Vorsicht!

Morsum

Morsum ist der erste Ort, durch den man fährt, wenn man mit dem Zug auf die Insel fährt. Das Morsumer Kliff ist absolut einzigartig!

Morsum Kliff (Naturschutgebiet)

Das Morsum Kliff sollte ursprünglich für den Bau des Hindenburgdamms abgebaut werden. Zum Glück ist das nicht passiert! Jetzt kann man in einem der ältesten Naturschutzgebiete Schleswig-Holsteins nämlich Zehn Millionen Jahre Erdgeschichte auf einen Blick beobachten. Und wer weiß? Vielleicht siehst du ja in der Morsumer Heide den seltenen Moorbläuling, einen Schmetterling, vorbeifliegen oder entdeckst das gefleckte Knabenkraut – die einzige hier blühende Orchidee.

Munkmarsch

Ein Ort im Osten der Insel zwischen Keitum und Braderup. Munkmarsch hat – genau wie Rantum – einen tide-abhängigen Hafen.

Muscheln

Muscheln sind Schalentiere. Von Schnecken – mit denen manche Leute sie verwechseln – unterscheiden sie sich dadurch, dass sie zwei Schalen haben, während Schnecken nur ein Gehäuse haben. Muscheln haben einen Fuß. Bei den Miesmuscheln spinnt eine Drüse in dem Fuß den Byssusfaden, der die an andere Miesmuscheln kettet. Bei vielen anderen Muscheln, z.B. der Herzmuschel, dient er als Grabfuß, mit dem sie sich in den Boden eingraben können.

N

Naturschutzgemeinschaft Sylt

Das Naturzentrum in Braderup zeigt dir spannende Dinge über die Sylter Natur. Von dort aus werden Wattwanderungen, Heidewanderungen, Morsum-Kliff Führungen, naturkundliche Fahrradtouren, Kräutergartenführungen und noch vieles mehr geplant und durchgeführt. Vielleicht interessiert dich das ja?!

Niedrigwasser

Wenn die Ebbe ihren niedrigsten Stand erreicht hat, spricht man von Niedrigwasser.

Nielönn (Naturschutzgebiet)

Nielönn ist seit 1979 ein Naturschutzgebiet. Es ist friesisch und bedeutet Neuland, weil es Land ist, das in den letzten 100 Jahren durch Landgewinnung entstanden ist. Im Süden grenzt es an Kampen, im Westen an die große Bundesstraße, die nach List führt. Nielönn ist ein ganz wichtiges Brutgebiet für viele Vogelarten.

Nipptide

Nipptide ist immer bei Halbmond. Hier ist der Unterschied zwischen Ebbe und Flut nicht so groß. Bei Ebbe läuft das Wasser nicht so weit ab, bei Flut steigt es dafür auch nicht so doll.

Nixe

Nixen sind Fabelwesen, die eine menschenähnliche Gestalt haben. Sie werden häufig mit den Meerjungfrauen verwechselt, da auch sie in manchen Geschichten einen Fischschwanz haben. Während Meerjungfrauen aber meistens lieb sind, bringen Nixen den Menschen den Tod, da sie Menschen auf den Grund des Meeres ziehen. Schon ihr Name deutet darauf hin: „Nixe" lässt sich vom lateinischen Wort „necare" ableiten, was töten bedeutet.

Nordsylt (Naturschutzgebiet)

Das älteste Naturschutzgebiet Schleswig-Holsteins umfasst den ganzen Norden der Insel, ausgenommen der Ortschaft List. Hier sind übrigens auch die letzten Wanderdünen Europas

Lexikon

beheimatet. Seltene Arten, wie die auf der Roten Liste stehende „Stranddistel" finden hier noch ihren natürlichen Lebensraum vor.

O

Oberflächenspannung des Wassers

Wenn du ganz vorsichtig Wasser in ein Glas füllst, kannst du sehen, dass es sich nach oben wölbt. Die Spannung ist so stark, dass das Wasser ein klitzekleines bisschen höher als der Glasrand stehen kann. Probiere es mit deinen Eltern aus!

P

Plankton

Plankton bedeutet „Schwebendes" und bezeichnet kleine Pflanzen und Tiere, die sich von der Strömung treiben lassen. Es ist die wichtigste Nahrungsgrundlage im Meer.

Priel

Ein Priel ist eine Wasserrinne im Watt. Durchquere niemals einfach so einen Priel, denn wenn die Flut kommt, kann sich ein kleines Rinnsal unheimlich schnell in einen reißenden Fluss verwandeln!

R

Rantum

Rantum ist eine Ortschaft im Süden der Insel, zwischen Westerland und Hörnum. Sie ist nach der Meeresgöttin Raan benannt. Rantum hat einen kleinen tideabhängigen Hafen, d.h. man kann nur bei hohem Wasserstand rein- und rausfahren.

Rochen

Rochen sind Tiere, die eng mit den Haien verwandt sind. In der Nordsee gibt es verschiedene Arten, z.B. den Sternrochen und den Nagelrochen.

Rotes Kliff (Naturschutzgebiet)

Einst war es ein wichtiges Seezeichen, denn die rote Wand leuchtete weit aufs Meer hinaus. Obenauf sitzt die Kampener Hochheide, und mit der Uwe-Düne türmt sich hier auch die höchste natürliche Erhebung der Insel auf.

S

Schweinswal

Schweinswale sind die einzigen Wale, die in der Nordsee leben. Das Wattenmeer ist ihre Kinderstube. Vor Sylt und Amrum ist extra ein Walschutzgebiet eingerichtet worden, deswegen kann man sie häufig vom Strand aus sehen. Sie orientieren sich mit einem Sonar, genauso wie Fledermäuse. Das bedeutet, sie senden einen Ruf aus, der so hoch ist, das wir ihn gar nicht hören können, und das zurückkommende Echo zeigt ihnen, wo ihre Nahrung ist. Zu laute Schiffsmotoren können das Gehör der Schweinswale beschädigen.

Schutzstation Wattenmeer

Die Schutzstation Wattenmeer ist ein Verein, der versucht, den Leuten das Watt näher zu bringen und setzt sich auch aktiv für den Schutz ein. Besuch doch mal die Arche Wattenmeer in Hörnum, da kannst du noch viel Spannendes lernen!

Seehund

Seehunde gehören zur Familie der Hundsrobben. Mit ihren großen Augen sehen sie immer ganz niedlich aus, aber man darf nicht vergessen, dass es gefährliche Raubtiere sind, deren Gebiss man mit einem Löwen vergleichen kann! Wenn man einen Seehund am Strand findet, muss man mindestens 20 Meter Abstand halten. Niemals darf man einen Seehund berühren oder ihm zu nahe kommen! Am besten ruft man gleich bei der Polizei an, die den Seehundsjägern Bescheid sagen. Die überprüfen dann, ob das Tier sich nur ausruht, oder ob es krank ist. Dann entscheiden sie, was zu machen ist. Tiere, die nur ein bisschen schwach sind, werden nach Friedrichskoog zur Seehundsaufzuchtstation gebracht, totkranke Tiere werden von ihrem Leiden erlöst. Leider geht momentan eine Krankheit um, weswegen es sehr

Lexikon

viele kranke Tiere gibt. Deshalb unbedingt Hunde von Seehunden fern halten, die können sich da nämlich anstecken!

Seenadel

Seenadeln sind Fische, die sehr eng mit den Seepferdchen verwandt sind. Sie haben – ebenso wie diese – einen pferdeähnlichen Kopf, der Körper ist aber länger, dünner und ein wenig fischähnlicher. Im Seegras sind sie sehr gut getarnt, außerdem benötigen sie das Seegras, um sich festzuhalten, weswegen die Seegraswiesen ein sehr wichtiger Lebensraum für sie sind. Bei den Seenadeln (und übrigens auch bei den Seepferdchen) trägt das Männchen die Eier aus – bei manchen Arten in einer Bauchtasche, ähnlich wie das Känguru, bei anderen Arten kleben die Eier einfach vorne am Bauch dran.

T

Tinnum

Tinnum ist das ehemalige Dorf der Strandvögte-„tin", im Englischen „ten" bezeichnet den Zehnten, der abgegeben werden musste. Die Grenze nach Westerland verläuft fließend. Der in der Inselmitte gelegene Ort beherbergt auch das Industriegebiet, und ist somit wichtiger Wirtschaftsfaktor für die Insel. In dem Teil des Ortes, der kein Industriegebiet wird, leben viele junge Familien.

W

Watt

Watt ist Meeresboden, der bei Ebbe freifällt.

Wattenmeer

Das Wattenmeer ist seit 2008 UNESCO Weltnaturerbe. Das bedeutet, es ist ein absolut einzigartiger Lebensraum. Die Tiere die hier leben sind besonders angepasst, denn sie müssen mit dem starken Wechsel von Ebbe und Flut leben.

Wattschnecke

Wattschnecken sind klitzekleine Schnecken, die im Watt zu Hause sind. Sie sind die absoluten Rekordhalter unter den Schnecken – 3 Rekorde haben sie!

Sie sind nämlich die kleinsten Schnecken (sie werden höchstens 6 mm groß!), die häufigsten Schnecken (auf einem Quadratmeter können bis zu 50.000 Stück leben!) und die schnellsten Schnecken im Wattenmeer. Wattschnecken kriechen zwar genauso langsam wie andere Schnecken, aber wenn die ➜ **Flut** kommt, können sie sich nach oben treiben lassen und sich kopfüber an die ➜ **Oberflächenspannung des Wassers** heften. Das machen sie mit ihrem Fuß, an dem eine bestimmte Drüse ist. Dann lassen sie sich mit der Strömung mittreiben und sind somit viel schneller als die anderen Schnecken. Der Kleber, mit dem sie sich am Wasser festhalten können, klebt auch den Sand am Meeresboden ein bisschen fest. Wissenschaftler vermuten, dass die Strömung sonst viel mehr Sand mitnehmen würde, so aber bleibt immer schön viel Sand zurück.

Wattwurm

Wattwürmer sind die absoluten Buddelweltmeister! Einmal im Jahr buddeln sie die oberste Schicht des ganzen Wattenmeerboodens um! Das ist ganz

wichtig, denn während sie den Wattboden umbuddeln, sieben sie den Sand auch noch sauber! Wattwürmer fressen nämlich den Sand unterhalb der Oberfläche und behalten alles was da drin ist, wie kleine Algen etc. in sich und lassen ganz reinen Sand oben an der Wattoberfläche in Form von kleinen Sandspaghetti heraus.

Wenningstedt

Wenningstedt ist ein Ort nördlich von Westerland. Zusammen mit Braderup bildet er eine eigene Gemeinde.

Westerland

Westerland war mal die nördlichste Stadt Deutschlands. Seit 2008 ist es aber keine eigene Stadt mehr, sondern ein Teil der Gemeinde Sylt. Dennoch ist es eines der wichtigsten Orte Sylts.

10 Tipps, wie du in deinem Alltag die Umwelt schützen kannst

- Licht aus, wenn du als letztes einen Raum verlässt!

- Heizung aus, wenn du lüftest. Fenster kippen bringt übrigens nichts, das kühlt nur die Wände aus. Einmal Fenster für ein paar Minuten ganz aufmachen tauscht die Luft im Raum viel besser aus und danach wird es schneller wieder warm.

- Müll trennen. Alles was recyclet werden kann, verschmutzt nicht auf Dauer unsere Umwelt.

- Recyclingpapier kaufen. Wusstest du, dass das, was ein Mensch in seinem Leben als Klopapier benötigt, zehn große Bäume das Leben kostet? Dazu kommen noch Schulhefte, Druckerpapier und, und, und. Benutzt du Recyclingpapier, bleiben diese Bäume stehen.

- Benutze allgemein Papier mit FSC-Siegel – das steht für nachhaltig gewirtschaftete Wälder: Für jeden gefällten Baum wird ein neuer gepflanzt.

- Lieber mit dem Fahrrad oder dem Bus zur Schule als mit dem Auto. Allgemein kurze Strecken nicht immer mit dem Auto fahren!

- Stoffbeutel mit zum Einkaufen nehmen und nicht immer einen neuen Plastikbeutel kaufen.

- Müll nicht in der Natur liegen lassen. Der wird nämlich vom nächsten Regen in einen Fluss gespült, und der endet bekanntlich im Meer. Tiere halten Müll aber oft für Essen – und das wollen wir doch nicht!

- Achte beim Lebensmittelkauf auf Siegel: Bio-Siegel, Bioland, Demeter, Naturland …

- Gerade beim Fischkauf ist es gut, auf das MSC-Siegel zu achten. In jedem Naturschutzzentrum gibt es auch die WWF-Fischratgeber, die dir sagen, ob ein Speisefisch schon vom Aussterben bedroht ist, ob bei seinem Fang viele andere Tiere sterben müssen und vieles mehr. Der Fischratgeber ist umsonst und kann so zusammengefaltet werden, dass er in dein Portmonee passt.

Du musst nicht perfekt sein, aber wenn jeder ein bisschen darauf achtet, was er kauft, isst, wie er sich verhält, ist das schon ganz toll!

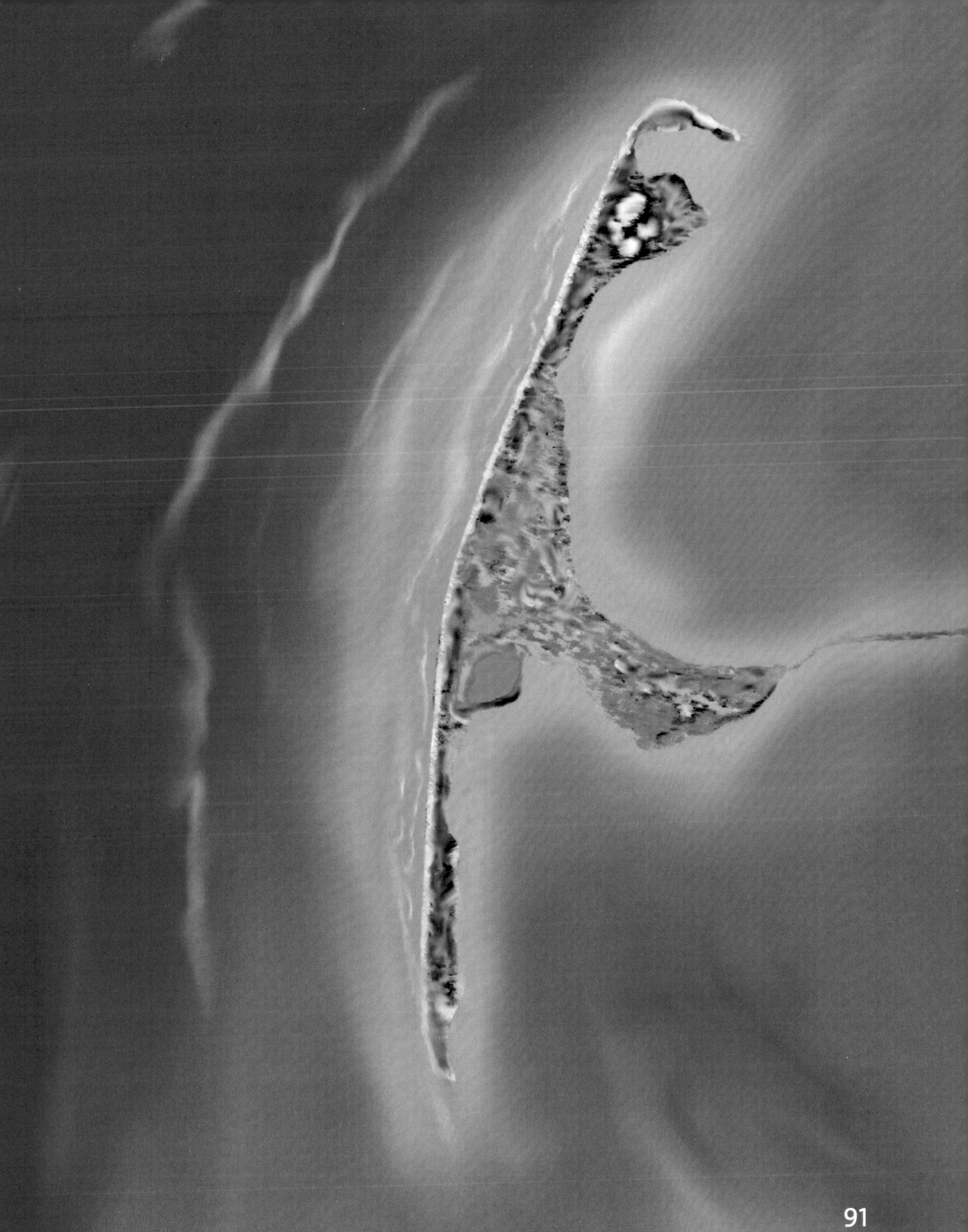

Die Förderer

Wir bedanken uns recht herzlich für die Unterstützung bei folgenden Firmen und Vereinen. Ohne sie wäre eine Realisierung dieses Buches nicht möglich gewesen.

Amei Professional Hairstylist (Tinnum)

Appartement- & Einrichtungshaus Hoppe (Westerland)

Appartements & Mehr Markus Wenzel (Kampen)

Campingplatz Mühlenhof Morsum

Die Osteria S52-Seaside (Westerland)

Edeka Aktiv Markt Dehn (Hörnum)

Gemeinde Sylt

Harley-Davidson Fashion Sylt

Dr. Ulrich Heck (Frankfurt a. M.)

Insel Tourismus-Service

H.B. Jensen GmbH & Co. KG (Westerland)

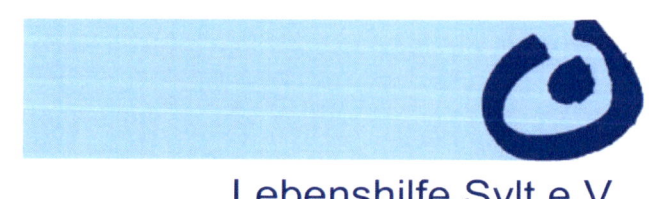

Kurverwaltung List auf Sylt

Landhaus Sylter Hahn (Westerland)

Lille H. Kööv (Osnabrück)

Restaurant Zur Eiche (Tinnum)

Richter's Restaurant (Rantum)

Salzreich auf Sylt (Tinnum)

Sturmhaube Kampen

Tierarztpraxis Dr. Yvonne Kobilinski (Tinnum)

Tourismusservice Kampen

Traumfoto Sylt (Westerland)

Velo Quick (Westerland)

Die Autorinnen

Jali Schneider

Geboren 1961 in Bamberg, Abitur und zweijähriges Studium der Germanistik und Theaterwissenschaften in Frankfurt. 1983 unter der Vision von Osho in Amerika zur „Rebalancerin" ausgebildet. Sieben Jahre später absolviert sie das „One year intensive Therapist Training" und ist parallel Staff Member an der „Osho Humaniversity" in Egmond aan Zee/Holland. Zurück in Deutschland tätig als Rebalancerin. In Hamburg erhält die Ausbildung zum „Resultate Kurs Instruktor" im „Frank Natale

Institute". Dort dann Area Direktor, sowie Ausbilderin. 1990 Umzug nach Sylt. Hier entwickelt sie die beiden Figuren „Keck & Kecker-Kamele auf Sylt" und das „Syltoskop" TM. 2010 illustriert sie „Sinnsucht nach mehr …" einen Lifestyle Ratgeber.

Seit 2002 führt sie mit ihrer Partnerin das Singlehotel „Haus Diana", ein Hotel für Alleinreisende auf Sylt. Auch ist sie hier seit fast zwanzig Jahren ehrenamtlich aktiv.

Tineke Sophie Heck

wurde am 25. März 1993 als zweites von vier Kindern in Frankfurt am Main geboren. Nachdem sie ihr ganzes Leben regelmäßig mit ihrer Familie im Urlaub nach Sylt gefahren war, zog es sie direkt nach ihrem Abitur am humanistischen Lessing-Gymnasium ganz in den Norden. Ihr Bundesfreiwilligendienst bei der Naturschutzgemeinschaft Sylt e.V. bestätigte sie in ihrem Wunsch, den Rest ihres Lebens auf Sylt zu verbringen und vertiefte ihr Wissen über das Wattenmeer.

Führungen am Morsum Kliff, in der Braderuper Heide, im Watt und noch viel mehr, lehrte sie einiges über die Insel. Momentan studiert sie in Flensburg Englisch, Deutsch und Friesisch – auf Lehramt, um bald wieder auf ihre geliebte Insel ziehen zu können.

Das Zeichen für verantwortungs-
volle Waldwirtschaft

FSC® C006527

Dieses Buch wurde auf umweltfreundlichem,
FSC-zertifizierten Papier gedruckt.

Impressum

ISBN 978-3-00-047177-3

© 2014. Syltknigge GbR, 25980 Sylt

1. Auflage 2014

Texte
Jali Schneider, Tineke Heck

Illustrationen
ARTworks for SYLT OHG, Jali Schneider

Gestaltung, Satz und Druck
Typework Layoutsatz & Grafik GmbH, 86167 Augsburg

Gesamtherstellung
Syltknigge GbR, Kolberger Straße 10, 25980 Sylt

Herausgeber
Jali Schneider, Tineke Heck
Printed in Germany